列宁十月革命重要思想重释

俞良早 著

红旗出版社

图书在版编目(CIP)数据

列宁十月革命重要思想重释 / 俞良早著. —北京：红旗出版社,2020.3
ISBN 978-7-5051-5085-0

Ⅰ.①列… Ⅱ.①俞… Ⅲ.①列宁主义－理论研究 Ⅳ.①A82

中国版本图书馆CIP数据核字(2020)第006827号

书　名　列宁十月革命重要思想重释
著　者　俞良早

出品人　唐中祥　　责任校对　曾晓蓉
总监制　褚定华　　责任印务　金　硕
责任编辑　徐　澜　周婷婷　　装帧设计　戴　影
出版发行　红旗出版社
地　址　(北京中心)北京市丰台区中核路1号　邮政编码　100727
　　　　(南方中心)杭州市体育场路178号　邮政编码　310039
编辑部　0571-85311 82
E-mail　tietycookie@163.com　　发行部　(北京)010-57270296
图文排版　杭州兴邦电子印务有限公司　　(杭州)0571-85311330
印　刷　浙江至美包装彩印有限公司
开　本　889毫米×1194毫米　1/32
字　数　120千字　　印　张　5.5
版　次　2020年4月北京第1版　　印　次　2020年4月杭州第1次印刷
ISBN 978-7-5051-5085-0　　定　价　45.00元

欢迎品牌畅销图书项目合作　联系电话：(北京)010-57274627　(杭州)0571-85310181
凡购本书，如有缺页、倒页、脱页，本社发行部负责调换

目　录

前　言

呈现在读者面前的这本书，是我从自己已经发表过的论文中挑选5篇组合而成的，主要阐述恩格斯、列宁和斯大林关于俄国革命和社会主义发展的思想。之所以把这5篇论文组合在一起出版，是因为它们在内容上是相互联系和贯通的，它们构成的整体内容，似乎符合当下作为一个研究成果的基本特点：一是为现实服务，即为中国特色社会主义事业服务；二是具有不同于中外学术界看法的新看法。

需要强调的是，我绝非是为了达到出版一本书的目的，随心所欲地或者煞费苦心地找5篇论文凑合。可以说，这5篇论文是我刻苦从事学术研究工作40年以来的思想结晶，是我已经出版的16部学术专著和已经发表的350余篇学术论文的思想精粹，是我已经主持完成和正在研究的国家社会科学基金项目（6个已结项，1个在研）的阶段性成果，并在最终成果中起联通和贯穿作用的类似于“魂”的东西。譬如，我对恩格斯晚年关于俄国革命与世界革命的关系的思想的研究，可以追溯到我发表于《湖北大学学报》（哲学社会科学版）1985年第5期上的论文《对恩格斯晚年关于俄国资产阶级革命胜利将成为世界社会主义革命开端的思想的初步探讨》；关于联共（布）对列宁一国胜利思想的误解的研究，可以追溯到我发表于中国社会科学院苏联东欧研究所主办的刊物《苏联东欧问题》1988年第6期上的论文《评二十年代联共（布）对列宁“一国首先胜利”论的误解》，该论文还被中共中央编译局主办的年刊《国际共运史研究》第七辑（1989年）收入。上述这些论文的思想在我此后发表的许多论文中均有不同程度的反映，特别是在纪念十月革命80周年我发表的若干篇论文中有较多的反映；在我撰写和出版的学术专著《列宁后期思想探要》（1995年）、《邓小平理论与列宁后期思想》（1998年）、《东方视域中的列宁学说》（2001年）、《创论“东方列宁学”》（2004年）、《关于列宁学说的论争》（2006年）、《20世纪马克思主义发展史》第3卷（2019年）中均有反映。我想表达的意思是，我绝不是在为出版这本书而凑合文字，只是想把我发现的东西告诉读者。

这本书中引论的内容，曾作为论文发表于《思想理论教育导刊》2017年第3期。第一章的内容，曾发表于《江汉论坛》2018年第4期。第二章的内容，曾发表于《党政研究》2017年第5期。第三章的内容，曾发表于《当代世界与社会主义》2016年第6期。余论的内容，曾发表于《湖北大学学报》（哲学社会科学版）1990年第3期。其中第一章、第二章、第三章、余论的内容作为论文发表后，先后被中国人民大学复印报刊资料《马克思列宁主义研究》《世界社会主义运动》等专题全文转载。

这5篇文稿之所以能够在上述学术刊物上发表，且能够被中国人民大学复印报刊资料有关专题全文转载，在于它的内容契合中国主流意识形态的精神，契合中国特色社会主义的精神。中国主流意识形态的精神和中国特色社会主义的精神，是既坚持共产主义信仰和事业前进的共产主义方向，又反对离开中国的现实条件、力图迅速实现共产主义社会的主张，这5篇论文，在阐述恩格斯、列宁关于俄国革命和社会主义发展的思想时，充分体现了上述精神。在阐述斯大林的思想时，肯定了斯大林从当时苏联的实际出发说明什么是社会主义和如何建设社会主义的思想，这个内容也符合中国主流意识形态的精神。

恩格斯晚年提出，俄国作为一个落后国家，进行社会主义革命和实现社会主义需要一个“先决条件”，即俄国爆发资产阶级民主革命并形成浩大的声势，推动西方各国爆发无产阶级社会主义革命，使西方各国先于俄国取得社会主义革命的胜利并建成社会主义社会；由于有西方社会主义社会的榜样，由于俄国人民的事业能够得到西方社会主义的支援和帮助，俄国可以在同西方大体相同的时间里走向社会主义社会。恩格斯的这个思想对1917年的俄国革命有极大的影响。列宁和布尔什维克党就是根据恩格斯的上述思想开展十月革命的。这是这本书引论的主要内容。

多年以来一直有一种观点，即认为列宁在1915年提出了区别于马克思、恩格斯世界革命理论的“一国或数国社会主义首先胜利”的理论。其实列宁没有提出这样的理论，而且也根本不可能设想这样的理论。1915年列宁的社会主义社会观同马克思、恩格斯是一样的，即认为社会主义社会是没有商品生产、没有阶级和阶级差别、没有国家和国家机器的社会。这样的社会主义社会在世界历史上从来没有产生过，而且根本不可能设想一个国家可以建成这样的社会主义社会。一些人在确认列宁提出了“一国或数国社会主义首先胜利”的理论时，往往以20世纪30年代苏联建成社会主义社会的事实，即建成苏联模式社会主义社会的事实，来印证列宁提出了上述理论。其实苏联模式的社会主义与列宁1915年的思想没有直接联系，列宁在1915年没有预见到也不可能预见到苏联模式的社会主义，更不可能认同或赞成这种社会主义。所以用苏联模式社会主义社会的建成来印证列宁提出了上述理论是站不住脚的。列宁在俄国革命与西方革命关系问题上对马克思、恩格斯理论的发展，在于他提出了关于落后的俄国开始革命“比较容易”、夺取政权后组织社会主义社会“比较困难”的理论，以及关于俄国社会发展途径的特殊性符合世界历史发展一般规律的理论，等等。这是本书第一章的主要内容。

列宁在领导十月革命的过程中，不主张将俄国革命立即转变为社会主义革命。譬如，列宁的《四月提纲》没有提出使俄国革命立即过渡到社会主义革命的方针或路线。所谓社会主义革命，基本的、核心的内容，是消灭资本主义私有制和建立社会主义公有制。可是，列宁的《四月提纲》没有提出消灭资本主义私有制和建立社会主义公有制的任务。它提出的任务是：使俄国的政权转到工人和贫苦农民手中，建立巴黎公社式的政府，土地国有化、银行国有化和资本家的垄断组织国有化，由工人组织对企业的生产过程和分配过程进行监督。列宁说，使政权转到工人和贫苦农民手中以及建立巴黎公社式的政府，不等于进行社会主义革命和建立社会主义社会，因为其中没有消灭资本主义私有制和建立社会主义公有制的内容。其他的任务或措施是同资本主义发展相容的措施，即资本主义国家也可以采取并且已经采取过的措施。他当时还明确地指出，俄国无产阶级政党是在大量小生产者中间活动的，只要小生产者未提出建立社会主义社会的要求，无产阶级政党就不能提出进行社会主义革命和建立社会主义社会的任务。在列宁的思想中，下一步的革命即十月革命的任务，是使俄国革命过渡到社会主义革命的“准备阶段”。实施《四月提纲》中提出的各项任务，意味着实行向社会主义过渡的“初步的和具体的步骤”，即进行一些“准备”。此后，有可能使革命走向社会主义革命并建立社会主义社会。这是本书第二章的主要内容。

列宁1918年说无产阶级专政是不受任何法律约束的政权，这符合马克思、恩格斯提出的科学社会主义基本原理。马克思、恩格斯认为，从无产阶级掌握政权时起，社会即进入“过渡时期”，即无产阶级专政的时期。然而这是一个不太长的时期。无产阶级掌握政权后的第一项任务是变资本家的财产为全社会占有的财产。此项任务既是无产阶级专政的第一项任务，也是它的最后一项任务。也就是说，当生产资料所有制的变革已然完成时，无产阶级专政即结束了它的使命。并且在“过渡时期”即实施无产阶级专政的过程中，一方面旧的国家机器被打碎了，旧的法律体系被废除了；另一方面无产阶级专政“不是原来意义上的国家”，是巴黎公社式的政治形式，即没有官僚、没有军队、没有警察、没有法庭、没有监狱的政治形式。在这个过程中，自然是没有法律的。因为旧的法律体系已被废除，无产阶级专政条件下不需要建立新的法律。所以，无产阶级专政是不受任何法律约束的政权。这就是马克思、恩格斯提出的科学社会主义基本原理。列宁1918年的相关话语是符合这一原理的。显然今天中国的人民民主专政不能不受任何法律的约束。但是不能以今天的事实去比照列宁的话语并衡量其正确与错误。这是本书第三章的主要内容。

列宁逝世后尤其是苏联恢复国民经济的任务完成后，革命向何处去的问题摆在了工人阶级执政党的面前。按照列宁和布尔什维克党原来的设想，在俄国革命爆发后，西方各国将爆发无产阶级社会主义革命，形成俄国革命与西方革命相互呼应的态势。可是事实不完全是这样的。西方各国的无产阶级社会主义革命没有跟上俄国革命的步伐，导致苏联一个无产阶级专政的国家处于资本主义国家的包围之中。这时，苏联的党和人民如果仍坚持原来的设想，那就只能无期限地等待西方各国的无产阶级社会主义革命，放弃奋力进取的机会。如果他们选择以自身的力量建设社会主义，则会赢得事业发展的成就。在这个时候，斯大林提出了“一国能够建成社会主义”的理论。这一理论包括一国建成社会主义的含义、一国建成社会主义需要解决的基本问题、一国建成社会主义所需要的时间等内容。它对统一联共（布）的思想、鼓舞人民建设社会主义的信心和热情发挥着重要的作用。可是它在建成社会主义社会的标准上，大大降低了马克思、恩格斯提出的标准。可以说，在此问题上，它对马克思、恩格斯的理论进行了通融性解读；或者可以说，它创新和发展了马克思主义。

2020年4月22日是伟大革命导师列宁诞辰150周年纪念日，谨以此书献给列宁诞辰150周年！

俞良早

2020年2月

引 论

恩格斯晚年关于俄国革命与西方革命“互相补充”的思想及对1917年革命的影响*

* 此标题下的内容是2014年度国家社会科学基金重点项目“马克思主义经典作家研究理想社会的原则与实现中国梦研究”(项目编号:14AKS004)的阶段性成果。

只有当资本主义经济在自己故乡和在它兴盛的国家里被克服的时候，只有当落后国家从这个榜样上看到“这是怎么回事”，看到怎样把现代工业的生产力作为社会财产来为整个社会服务的时候——只有到那个时候，这些落后的国家才能开始这种缩短的发展过程。然而那时它们的成功也是有保证的。

——恩格斯：《〈论俄国的社会问题〉跋》，1894年1月马克思、恩格斯于19世纪80年代以后十分关注俄国革命的问题，尤其是恩格斯，他晚年对此问题高度关注，并且形成和提出了重要的思想。恩格斯晚年提出的思想对1917年俄国的革命即十月革命产生了重要的影响。当前反思恩格斯的思想，对于理解十月革命的必然性，对于理解20世纪以来俄国革命及社会主义进程的曲折和世界社会主义进程的曲折，具有重要的思想启迪作用。

一、关于未来俄国革命与西方革命“互相补充”的思想

恩格斯晚年提出了一个重要的思想——未来的俄国资产阶级革命将推动西方各国爆发无产阶级社会主义革命，西方社会主义胜利后将反过来援助俄国革命，使经济文化比较落后的俄国大体可以同西方一起走向社会主义社会。这就是所谓两者“互相补充”的思想。

当时西方主要资本主义国家的社会主义运动蓬勃发展。德国社会民主党虽然由于政府《反社会党人非常法》而处于地下状态，但是社会民主党利用工人手中的唯一政治权利即选举权进行斗争。在1890年的国会选举中，德国社会民主党得到的选票高达142.7万张，议席达35个，成为德国的第一大党，迫使政府于当年9月废除了《反社会党人非常法》。在法国，1879年建立了法国工人党，从而开创了工人运动和社会主义运动的新局面。在美国，1886年5月芝加哥1万多个企业的工人举行了强大的罢工斗争，争取8小时工作日。美国政府对罢工者采取镇压的措施，打死、打伤罢工者多名，并逮捕了工人领袖。英国、法国、意大

利、西班牙的工人举行集会，声援美国工人的斗争。在西方工人运动和社会主义运动不断发展的形势下，1889年7月，各国社会主义政党建立了国际联合组织即第二国际。第二国际建立后，组织各国工人展开了争取8小时工作日的斗争，组织他们进行了反对军国主义和反对战争的斗争，有力地推进了工人运动和社会主义运动。恩格斯鉴于社会主义运动的发展，欣喜万分。1892年，他甚至在文章中指出："在德国，工人运动的胜利甚至指日可待了。"①可以看出，在恩格斯的思想中，欧洲一些国家很快即可迎来无产阶级社会主义革命的胜利。同时，恩格斯考虑到，欧洲国家由于地缘的原因以及由此产生的人们交往的频繁性，一个国家发生的政治事件往往会波及其他国家，形成许多国家的连锁性反应。1848年欧洲革命的情形就是如此，它从意大利开始，进而影响法国、德国以及东欧许多国家，它们相继爆发了革命运动。恩格斯从欧洲政治事件或者说革命进程的这一特点出发，在考虑和设想下一次欧洲革命的进程时，探讨和寻找下一次欧洲革命的突破口或者说打响革命第一枪的地方。他终于找到了这个地方——俄国。

当时的俄国，面临着资产阶级民主革命的任务。革命的任务是推翻沙皇专制制度，建立民主共和国；消灭地主土地所有制，解决农民需要土地的问题。它同西方其他国家的革命（无产阶级社会主义革命）相比较，是低一个层次的革命。然而，同西方国家的革命相比较，俄国的资产

①《马克思恩格斯选集》第3卷，北京：人民出版社，1995年，第718页。

阶级民主革命有可能先爆发起来，因为俄国国内的阶级矛盾和社会矛盾比其他国家的矛盾更尖锐。尽管俄国的社会矛盾同西方一些国家的社会矛盾在性质上有所区别，但是只要俄国革命爆发，它作为一个重大的政治事件，定会在欧洲造成重大的政治震动和政治影响，推动西方其他国家爆发革命。恩格斯看到俄国社会矛盾尖锐的事实，相信这里很快会爆发革命。当时他在给俄国革命家的信中写道："这个国家正在接近它的1789年。革命一定会在某一时刻爆发；它每天都可能爆发。在这种情况下，这个国家就像一颗装上炸药的地雷，所差的就是点燃导火线了。……只要轻轻一撞就能使处于极不稳定的平衡状态的整个制度倒塌，只要采取一个本身是无足轻重的行动，就能迸发出一种后来无法控制的爆炸力。"[①]"在这个国家里，形势这样紧张，革命的因素积累到这样的程度，广大人民群众的经济状况日益变得无法忍受……在这样的国家里，如果1789年一开始，1793年很快就会跟着到来。"[②]这些论断显示的思想是，俄国随时有可能爆发革命；这场革命所具有的力量如同地雷的爆炸力一样，将使整个沙皇制度倒塌；这场革命是一场不断深入的革命，它将如同法国大革命的进程一样，由1789年过渡到1793年，即由大资产阶级掌握政权过渡到由代表广大人民利益的雅各宾派掌握政权。

恩格斯提出，俄国爆发的资产阶级民主革命将会同西

① 《马克思恩格斯全集》第36卷，北京：人民出版社，1975年，第301页。

② 《马克思恩格斯全集》第36卷，北京：人民出版社，1975年，第302页。

方无产阶级社会主义革命形成“互相补充”的效应。关于“互相补充”的思想，可以追溯到恩格斯和马克思所撰写的《〈共产党宣言〉1882年俄文版序言》，其中写道：“假如俄国革命将成为西方无产阶级革命的信号而双方互相补充的话，那么现今的俄国土地公有制便能成为共产主义发展的起点。”[①]这里所谓的“互相补充”，就是指俄国革命与西方革命产生“互动效应”。具体说来，就是俄国革命的爆发，将产生政治震动和政治影响，激发和推动西方革命，如同发出了全欧洲革命的“信号”一样。西方社会主义胜利后，将反过来促进俄国革命，使俄国革命转变为社会主义革命，这时俄国就有可能利用国内的优势条件（存在土地公有制）同西方国家一起走向社会主义社会。

恩格斯晚年就“互相补充”的效应提出了系统化的思想。其内容是：

（一）俄国革命推翻沙皇制度，使西方革命面临好的环境。当时，世界上的两大军事阵营即以俄、法为首的军事阵营和以德、奥为首的军事阵营已经形成，且在迅速膨胀中，一场规模空前的世界性战争威胁着欧洲以及全人类。各国无产阶级以及社会主义政党的重大任务之一，是反对军国主义和反对帝国主义的战争政策。1890年2月，恩格斯在《俄国沙皇政府的对外政策》一文中指出，真正能够阻止这场世界性战争的是俄国国内发生推翻沙皇制度的革命。如果沙皇政府被推翻，俄国放弃了传统的侵略政策，

①《马克思恩格斯选集》第1卷，北京：人民出版社，1995年，第251页。

德国政府将失去一切反对俄、法的同盟者，因为这些同盟者是受到沙皇俄国的威胁才投入德国怀抱的。同时那种将全欧洲变成兵营从而疯狂进行军备竞赛的各种借口也将消失。他写道："一旦沙皇政权这个全欧洲反动势力的最后堡垒垮台，整个欧洲的风向就会完全改变。"[①]"欧洲正好像沿着斜坡一样越来越快地滚向规模空前和力量空前的世界战争的深渊。只有一个东西能够阻止它，那就是俄国制度的改变。"[②]他还写道："正是由于这些情况，整个欧洲，特别是西欧的工人政党，关心着，深切地关心着俄国革命政党的胜利和沙皇专制制度的崩溃。"[③]这里所表达的，是关于俄国革命推翻沙皇制度能为西方无产阶级革命创造好的环境的思想。

（二）俄国革命的政治震动将推动西方的无产阶级社会主义革命。如前所述，在欧洲，某一个国家的政治事件往往会波及其他国家，形成许多国家的连锁性反应。俄国革命的爆发，会产生较强的政治震动和政治影响，推动西方一些国家爆发无产阶级社会主义革命。据此，恩格斯在有关文章中写道："只要俄国的制度突然发生变化，这一事件就会在德国产生巨大的影响；这会加快危机的到来并且使社会党人获胜的机会倍增。"[④]他还写道："俄国的革命还会给西方的工人运动以新的推动，为它创造新的更好的斗争

①《马克思恩格斯全集》第22卷，北京：人民出版社，1965年，第56页。

②《马克思恩格斯全集》第22卷，北京：人民出版社，1965年，第57页。

③《马克思恩格斯全集》第22卷，北京：人民出版社，1965年，第56页。

④《马克思恩格斯全集》第22卷，北京：人民出版社，1965年，第57页。

条件，从而加速现代工业无产阶级的胜利。”[1]这里所表达的，无疑是俄国革命将推动西方无产阶级社会主义革命的思想。

（三）西方社会主义的建成将为俄国树立如何建设社会主义的榜样，对俄国提供支持和帮助，使俄国能够大体同西方一起走向社会主义胜利。社会主义理论是西方的产物，是资本主义较发达条件下的产物。从道理上说，只有西方人才知道如何建设社会主义制度。如果俄国革命推动了西方的无产阶级社会主义革命，如果西方的无产阶级掌握了政权，他们将迅速展开社会主义建设并建成社会主义社会。这时，社会主义的西方一是可以为俄国树立如何建设社会主义的榜样，二是必定实行无产阶级国际主义，对俄国进行有力的支持和帮助，使其能够同西方一起走向社会主义胜利。关于这个问题，恩格斯1894年在《〈论俄国的社会问题〉跋》中指出，如果西方先于俄国建立了财产公有的制度，实现了社会主义社会，一些刚刚踏上资本主义道路而仍然保存着氏族制度残余的国家如俄国，则可以大大缩短自己走向社会主义社会的过程，可以避免西方在资本主义发展过程中不得不经历的痛苦。他郑重提出：“但这方面的必不可少的条件是：目前还是资本主义的西方作出榜样和积极支持。只有当资本主义经济在自己故乡和在它兴盛的国家里被克服的时候，只有当落后国家从这个榜样上看到‘这是怎么回事’，看到怎样把现代工业的生产力

①《马克思恩格斯选集》第4卷，北京：人民出版社，1995年，第450页。

作为社会财产来为整个社会服务的时候——只有到那个时候，这些落后的国家才能开始这种缩短的发展过程。然而那时它们的成功也是有保证的。这不仅适用于俄国，而且适用于处在资本主义以前的阶段的一切国家。”①这里所表达的，是西方社会主义反过来支持和帮助俄国走向社会主义社会的思想。

二、恩格斯的“互相补充”思想对1917年俄国革命的影响

恩格斯的上述思想对1917年俄国革命即十月革命产生了重大的影响。这种影响的主要表现是：

（一）1917年二月革命后作为布尔什维克领导人的列宁以上述恩格斯的思想作为推动下一阶段俄国革命的指导思想。二月革命结束时，列宁身在西方。他对国内革命所作出的第一个重要的思想上的反应是撰写了一组总题目为《远方来信》的文章。他在第一封信中写道，俄国无产阶级在推进下一阶段革命的过程中，有两个同盟者，一个是俄国的小农群众，另一个是一切交战国（参加世界大战的国家）以及其他各国的无产阶级。西方无产阶级虽然受到国内右倾机会主义思潮的影响，但是随着帝国主义战争的进行和国内矛盾的激化，他们逐渐地在摆脱右倾思潮的影响，“而俄国革命又必然会大大加速这一过程”。这里所谓俄国革命会“大大加速”西方无产阶级摆脱右倾思潮影响

①《马克思恩格斯选集》第4卷，北京：人民出版社，1995年，第443页。

的过程，来源于恩格斯关于俄国革命将促进西方革命的思想。在第三封信中写道，1917年俄国革命以及欧洲革命的过程可以用下述公式来表明："俄国境内革命取得胜利，——在这种胜利的掩护下芬兰的和平组织工作取得成就，——俄国工人以新的规模转入革命的组织任务，——无产阶级和贫苦居民阶层夺得政权，——西欧社会主义革命得到鼓励和发展，——这就是一定会把我们引向和平和社会主义的道路。"[①]这里所谓俄国无产阶级和贫苦居民阶层政权会使"西欧社会主义革命得到鼓励和发展"的思想，也来源于恩格斯关于俄国革命将促进西方革命的思想。1917年3月中旬，列宁在离开瑞士回国前夕撰写了《给瑞士工人的告别信》，明确而详细地阐述了以俄国革命推进西方革命的思想。他指出："俄国是一个农民国家，是欧洲最落后的国家之一。在这个国家里，社会主义不可能立刻直接取得胜利。但是，在贵族地主的大量土地没有触动的情况下，在有1905年经验的基础上，俄国这个国家的农民性质能够使俄国资产阶级民主革命具有巨大的规模，并使我国革命变成全世界社会主义的序幕，变成进到全世界社会主义革命的一级阶梯。"[②]这里所谓社会主义在俄国"不可能立刻直接取得胜利"，但俄国的资产阶级民主革命会形成巨大的规模，会成为全世界社会主义革命的"序幕"，成为走向全世界社会主义革命的一级"阶梯"，意思

①《列宁全集》第29卷，北京：人民出版社，1985年，第45页。

②《列宁全集》第29卷，北京：人民出版社，1985年，第90页。

是指以俄国的民主革命推动全欧洲以及全世界的社会主义革命，从俄国的民主革命走向全欧洲的社会主义革命。在这个意义上，他在此文章中还提出，俄国的无产阶级靠自己的力量不能够完成社会主义革命，但是它能够使俄国的民主革命形成“浩大的声势”，推动全欧洲的社会主义革命，使俄国无产阶级的战友即欧洲和美洲的无产阶级起来同资产阶级“决战”，使欧美经济发达国家先取得社会主义胜利，从而创造俄国革命向社会主义革命转变的环境和条件。显然列宁的这一思想，来源于恩格斯关于俄国革命与西方革命“互相补充”的思想。列宁回到国内以后，以上述战略思想指导党和无产阶级的实践。4月下旬，他在俄国社会民主工党（布）第七次全国代表会议（四月代表会议）的开幕词中指出，马克思、恩格斯以前在考察和预见世界社会主义革命的进程中时曾说过，革命由法国工人开始，由德国工人完成。“现在，开始革命的巨大光荣落到了俄国无产阶级的头上，但它不应当忘记，俄国无产阶级的运动和革命仅仅是世界无产阶级革命运动的一部分，而这个运动——例如在德国——正一天天地壮大起来。只有从这个角度来看问题，我们才能确定自己的任务。”[①]这里列宁的意见是，必须将俄国革命同世界革命联系在一起，既看到俄国革命对于西方革命或世界革命的促进作用，又看到西方革命或世界革命爆发的必然性以及它对俄国革命进一步发展的意义，才能正确地确定和执行俄国革命的任

①《列宁全集》第29卷，北京：人民出版社，1985年，第339—340页。

务。他的这一思想同恩格斯的“互相补充”思想是一脉相承的。

（二）十月革命胜利后，尤其是在苏维埃政权遭受国内外敌对势力的武力颠覆而面临危险时，列宁反复强调只有西方革命的支持才能拯救俄国革命。1917年，不仅俄国革命的形势不断发展，西方各国工人革命运动的形势也日益高涨。鉴于此，在俄国无产阶级武装起义胜利的当天，列宁在彼得格勒工兵代表苏维埃会议上起草的文件中指出：“苏维埃相信，西欧各国的无产阶级定会帮助我们把社会主义事业进行到取得完全的巩固的胜利。”①1918年1月，他在有关会议上的报告中说：“我们现在清楚地看到革命的发展会多么远大；俄国人开始了，德国人、法国人、英国人将去完成，社会主义定将胜利。”②上述论断表明，列宁一是相信在十月革命后西方各国无产阶级会掀起革命风暴，二是相信西方各国的社会主义革命会走向胜利，三是相信西方的无产阶级会支持和帮助俄国无产阶级把革命推向前进。这个思想同恩格斯晚年关于俄国革命与西方革命“互相补充”的思想是高度一致的。

可是，历史不尽如人意。西方各国的无产阶级社会主义革命并未紧追十月革命的脚步而兴起，或者说十月革命后并未形成全欧洲无产阶级社会主义革命蓬勃发展的局面。这就使得俄国革命陷入十分艰难的环境。到1918年3

①《列宁全集》第33卷，北京：人民出版社，1985年，第4页。

②《列宁全集》第33卷，北京：人民出版社，1985年，第279页。

月，德帝国主义不断地增强对苏维埃政权的军事攻势，侵占苏俄领土，威逼苏维埃政权签订《布列斯特和约》。英、法、日等帝国主义国家也跃跃欲试，准备对苏俄展开军事打击，把苏维埃政权扼杀在摇篮之中。俄国国内的各种反苏维埃势力或者进行公开的军事叛乱，竖起“白卫”旗帜，攻击苏维埃政权机关；或者进行密谋破坏，爆炸桥梁和工厂，刺杀苏维埃政权的领导人。面对严峻的军事政治形势，列宁认为，只有西方各国发生无产阶级社会主义革命，才能拯救俄国革命。当时他在俄共（布）第七次（紧急）代表大会上的讲话中说：“从全世界历史范围来看，如果我国革命始终孤立无援，如果其他国家不发生革命运动，那么毫无疑问，我国革命的最后胜利是没有希望的。”[①]“能把我们从所有这些困难中拯救出来的，是全欧洲的革命。”[②]他还说，苏俄无产阶级面前最大的困难，或者说最大的历史课题，是必须“唤起国际革命”，使俄国一个国家的革命变成全欧洲的革命或者世界革命。“我们的落后使我们走在了前面，而如果不能坚持到其他各国工人起来大力支持我们，我们就会灭亡。”[③]显然，列宁关于必须唤起国际革命、俄国革命有赖于西方革命支持和援助的思想来源于上述恩格斯晚年的思想。

恩格斯晚年相关思想对1917年俄国革命的影响，或者说对列宁十月革命战略思想的影响，一是反映出恩格斯相

①《列宁全集》第34卷，北京：人民出版社，1985年，第8页。
②《列宁全集》第34卷，北京：人民出版社，1985年，第8页。
③《列宁全集》第34卷，北京：人民出版社，1985年，第219页。

关思想的生命力和重要性，二是反映出列宁和俄国无产阶级政党是马克思、恩格斯理论及事业的继承者和实践者。

三、对恩格斯晚年关于俄国革命与西方革命“互相补充”思想的科学性的评估

如何认识和评估恩格斯晚年关于俄国革命与西方革命“互相补充”思想的科学性，是当今研究恩格斯晚年思想以及研究十月革命时必须面对的问题。

（一）上述恩格斯思想的科学性在一定程度上被历史事实所证明。如前所述，恩格斯晚年认识到俄国社会潜伏着深刻的矛盾，随时有可能爆发革命，而且俄国的这场革命是欧洲未来首次爆发的革命，即“打响第一枪”的革命。这场革命将起到发出“信号”的作用，即激发全欧洲革命的作用。历史证明了恩格斯上述思想的科学性。在恩格斯逝世10年后，俄国爆发了1905年革命。在1917年，俄国连续爆发了二月革命和十月革命，而且上述俄国革命确实是欧洲“打响第一枪”的革命，这个事实证明，恩格斯晚年关于未来的俄国革命是全欧洲革命的突破口或者“打响第一枪”的革命的设想是科学的。俄国的革命特别是十月革命确实起到了发出全欧洲革命“信号”的作用。1918年1月，德国柏林爆发了有50万工人参加的政治罢工。同年11月3日，德国基尔港的水兵举行武装起义，迅速占据全城，建立了德国第一个工兵代表苏维埃。随后，汉堡、不来梅、莱比锡、慕尼黑等城市爆发工人武装起义，先后建立了工兵代表苏维埃。11月9日，柏林发生工人武装起义，

容克—资产阶级的反动统治被推翻。这就是德国历史上的“十一月革命”。在匈牙利，1918年1月和6月，先后爆发有几十万工人参加的总政治罢工。11月建立匈牙利共产党。在匈牙利共产党的领导下，1919年3月21日布达佩斯爆发工人和士兵的武装起义，建立了匈牙利苏维埃共和国。在美国，1919年1月起，不断爆发工人的罢工斗争。9月，爆发了钢铁工人的大罢工，10个州50个城市的工人参加了此次罢工斗争。在英国，1919年有250万工人参加了罢工斗争，并且在斗争中成立了“不准干涉苏俄全国委员会”，负责组织全国的工人运动，支持苏俄人民反对外国武装干涉的正义战争。在法国，工人罢工的斗争也风起云涌，1919年参加罢工的人数达120万，1920年爆发的“五一大罢工”，把当时法国工人运动推向了新高潮。上述事实证明，俄国革命产生了向西方发出“信号”的作用以及促进西方工人革命运动发展的作用。恩格斯关于俄国革命是西方革命的“信号”的思想是科学的。

（二）不能因为西方各国未走向社会主义胜利而责难恩格斯的思想不科学。根据恩格斯的思想，在俄国革命后，西方各国将爆发无产阶级社会主义革命，并且这些国家的革命会取得胜利。可是，由于恩格斯逝世后西方工人运动中出现的新思潮，即否定无产阶级革命和无产阶级专政的必要性和认为资本主义可以和平过渡到社会主义社会的思潮，以及相关一些因素的影响，十月革命后西方一些国家发生的无产阶级革命斗争，或者未发展成为武装夺取政权的斗争，如美国、英国、法国的情况；或者由于领导革命的社会主义政党的路线错误等原因而使革命最后归于失败，如德国、匈牙利等国的情况。在此需要指出的是，不能因为西方没有走向社会主义胜利而责难恩格斯的思想不科学，因为这是恩格斯逝世以后出现的一些新情况而导致的结果，让一位离世者为他身后20多年出现的新情况和新结果负责任是不公平的。

（三）俄国革命由于没有得到西方社会主义的援助而遭遇许多困难和曲折，反衬恩格斯思想的重要性和科学性。在列宁时期，苏维埃政权曾经遭到十几个帝国主义国家的军事干涉。除中心区的几个大城市外，大部分领土特别是粮食产地被敌人所占领，新政权濒临被颠覆的边缘。俄共（布）和苏维埃政权不得不建立队伍庞大的红军，并且领导全体军民同敌人进行殊死的斗争。在斯大林时期，1941年6月，德国法西斯集中优势兵力，向苏联发动了闪电战，扬言在很短的时间内占领整个苏联。联共（布）和苏维埃政权再一次被迫领导人民同外国侵略者进行殊死的战争。如果恩格斯晚年的思想变为现实，西方走向了社会主义胜利，则意味着西方各国的资产阶级统治者已经被推翻，帝国主义制度已经被消灭。如果是这样的话，则苏维埃政权不会两次遭受西方帝国主义侵略者的军事攻击，苏俄（苏联）工农群众就不会因为进行反侵略战争而付出极大的牺牲。经历战争苦难的苏俄工农群众，抚摸着创伤，回忆恩格斯关于俄国革命与西方革命“互相补充”的思想，一定会有非同一般的体会和情感。无论是在列宁时期还是在斯大林时期，苏维埃国家的经济建设事业均十分艰难，原因之一是西方资本主义国家在经济上的封锁和围困。由于它们的封锁和围困，苏俄（苏联）只能依靠本国的条件和力量，发展过程中免不了困难重重。而且由于封锁和围困，苏俄必须在很短的时间内超常规地发展，以期尽快改变落后和被动的局面。这样的发展过程势必会产生并加重各种矛盾，如农轻重之间比例失调，工农群众的生活得不到改善等。如果像恩格斯所设想的那样，西方先于俄国走向了社会主义社会，或者说同苏俄并存的是社会主义的西方，那么西方社会主义社会就不仅不会封锁和围困苏俄，而且将在人力上、财力上大力地援助苏俄。如果是这样的话，苏俄的发展过程将轻松得多，工农群众在发展中获得的幸福将多得多。无疑，经历了发展困难的苏俄人民会怀着别样的心情来领会恩格斯晚年相关的思想。20世纪80—90年代，发生了东欧剧变和苏联解体，社会主义的苏联和东欧国家被改变了颜色。之所以发生这样的事件，原因之一是西方存在着资本主义制度以及反共产党的势力，它们竭力实施了和平演变战略且取得了成功。如果西方先于苏联实现了社会主义制度，同苏联并存的是社会主义制度的西方，那么西方向苏联传播的将是社会主义思想，或者说是建设社会主义的经验。如果是这样的话，则不会有社会主义国家向资本主义制度的演变，不会有社会主义进程中的严重曲折，即一批共产党执政的国家改变颜色的曲折。由此看，史实充分证实了恩格斯晚年提出的这一思想的重要性和科学性。

第一章

对社会主义史上一个迷案的透视——关于所谓"一国或数国社会主义首先胜利"的理论*

* 此标题下的内容是2017年度国家社会科学基金一般项目"列宁十月革命战略思想及其进程中的两次重要转变研究"（项目编号：17BKS007）的阶段性成果。

三年前当我们提出关于俄国无产阶级革命的任务及其胜利的条件的问题时，我们总是明确地说：没有西欧无产阶级革命的支持，这个胜利就不可能巩固；只有从国际的观点出发才能正确估价我们的革命。为了取得巩固的胜利，我们必须使无产阶级革命在一切国家或者至少在几个主要的资本主义国家取得胜利。

——列宁：《在俄共（布）莫斯科省代表会议上的讲话》，1920年11月

20世纪20年代以后，即列宁逝世后不久，苏联理论界出现了一个说法，即列宁于第一次世界大战过程中（具体来说是1915年）提出了社会主义革命可以在一国或数国首先胜利的理论（而且首先取得社会主义胜利的有可能是经济文化比较落后的国家，如俄国），从而极大地发展了马克思、恩格斯关于社会主义革命将在欧美一些先进的资本主义国家“同时胜利”的理论。随着马克思主义在中国的传播，这个说法也流传到中国。在中国社会主义建设与改革的进程中，人们在论及马克思主义理论需要与时俱进和事实上一直在与时俱进时，无不以上述列宁在第一次世界大战期间提出的这个“新理论”作为例证。

事实上，“一国或数国社会主义首先胜利”的理论不是列宁自己说的，而是列宁离世后别人提出来的。自从产生这个说法后，不少人撰文质疑它，或者说否定列宁提出了这个理论；也有很多人撰文支持这个说法，或者说肯定列宁提出了这个理论。在此问题上产生的意见分歧一直持续到现在[①]，

① 我国著名苏联史学家、中央编译局研究员郑异凡在《一国建成社会主义理论中的若干问题》(《当代世界社会主义问题》1995年第4期)一文中指出：1924年以前即列宁在世的时候，并不存在“一国社会主义”的争论，“问题是从斯大林修改自己的说法开始的”，即认为1924年12月斯大林在有关文章中修改自己的说法和观点，由此开始了关于这个问题的争论。我国著名政治学和科学社会主义专家、中国人民大学荣誉一级教授高放先生认为，列宁提出了“一国胜利”的理论，发展了马克思主义。在十月革命一百周年之际，高放先生在《十月革命的十个问题》(《求索》2017年第5期)一文中指出：第一次世界大战期间列宁发表的《论欧洲联邦口号》和《无产阶级革命的军事纲领》两篇文章提出新的理论观点，即社会主义可能在一国首先胜利。他写道：“列宁这两篇文章没有明确指出这一国就是俄国，因为沙皇专制制度统治俄国近370年，俄国首先面临的是民主革命任务，民主革命胜利之后，才能进行社会主义革命。所以列宁没有直接讲俄国，但他心里想的一国首先胜利就是俄国。”

以致成为社会主义史上的一个迷案。笔者在20世纪80年代和90年代曾经撰文表达过自己的观点，本不想再论及，可是当前又有学者开始讨论这个话题，使笔者作为一个理论工作者的责任心和使命感油然而生。在此，笔者又旧事重提，以进一步弄清历史上的这一迷案。

一、作为信仰和学习马克思主义并懂得一些马克思主义理论的我们，是否认同“一国或数国社会主义首先胜利”的理论

（一）什么是社会主义胜利

我们是否认同“一国或数国社会主义首先胜利”的理论，必须首先弄清楚马克思、恩格斯所说的社会主义胜利指的是什么。众所周知，马克思、恩格斯设想的理想社会，被称为共产主义社会。在他们的思想中，共产主义社会可以划分为两个发展阶段：第一个阶段被称为共产主义的第一阶段或者低级阶段，第二阶段被称为共产主义的高级阶段。后来，列宁将共产主义的第一阶段称为社会主义社会。对于这些理论观点，人们早已达成共识。显然，在马克思、恩格斯的思想中，社会主义胜利指社会已经进入共产主义社会的第一阶段，或者说建成了社会主义社会，或者说建成了社会主义制度，或者说已按照社会主义原则组织起社会生产。

笔者为了行文上的方便，将共产主义社会的第一阶段或低级阶段称为社会主义社会。

为了回答上述问题，还必须弄清楚马克思、恩格斯设

想的社会主义社会的特征是怎样的。只有弄清了这个问题，才能正确地判断和回答这样的社会主义社会在一个国家特别是在一个落后的国家是否可以先建立起来，即这个国家是否可以先取得社会主义胜利。[①]

马克思、恩格斯设想的社会主义社会具有怎样的特征？这个问题人们也是达成共识的，本无论证的必要，但是鉴于人们在考虑社会主义“一国”胜利时往往未将“一国”胜利的境界与马克思、恩格斯设想的社会主义社会相联系，所以笔者认为有必要赘述如下：

根据马克思、恩格斯的设想，社会主义社会没有商品生产和货币交换。商品生产即以出售产品为目的的生产，它在资本主义社会得到充分的、高度的发展，而社会主义社会则没有商品生产。马克思在《哥达纲领批判》中论及社会主义社会的生产与分配原则时写道：“每一个生产者，在作了各项扣除以后，从社会领回的，正好是他给予社会的。他给予社会的，就是他个人的劳动量。例如，社会劳动日是由全部个人劳动小时构成的；各个生产者的个人劳动时间就是社会劳动日中他所提供的部分，就是社会劳动日中他的一份。他从社会领得一张凭证，证明他提供了多少劳动（扣除他为公共基金而进行的劳动），他根据这张凭证从社会储存中领得一份耗费同等劳动量的消费资料。他以一种形式给予社会的劳动量，又以另一种形式领回

① 虽然是“一国或数国社会主义首先胜利”的命题，但是人们在讨论这个问题时往往将注意力集中在“一国社会主义首先胜利”的问题上，并且往往将这“一国”等同于比较落后的俄国。

来。”[①]这里所谓每个生产者的个人劳动量是他向社会总劳动量中提供的他个人的一份，由各个生产者提供的劳动量构成社会总劳动量，这说明社会不以商品的价值或价值量以及货币作为计算社会生产成效的单位和依据，证明社会没有商品生产和货币交换。这里还说，每个生产者从社会领得一张凭证，证明他向社会提供了多少劳动，他根据这张凭证从社会储存中领得一份耗费同等劳动量的消费资料，这表明社会不以货币的形式向劳动者发放生活资料。在此著作中，马克思还写道，“以生产资料公有制为基础的社会中，生产者不交换自己的产品”；用在产品上的劳动，在这里也不表现为这些产品的“价值”。这就指明，在社会主义社会，产品中没有商品所具有的“价值”，生产者之间不将产品作为有价值的“商品”进行交换。上述马克思的论断足以证明，没有商品生产和货币交换是社会主义社会的特征之一。

根据马克思、恩格斯的设想，社会主义社会没有阶级、阶级差别和阶级矛盾。他们在《共产党宣言》中写道：“如果说无产阶级在反对资产阶级的斗争中一定要联合为阶级，如果说它通过革命使自己成为统治阶级，并以统治阶级的资格用暴力消灭旧的生产关系，那么它在消灭这种生产关系的同时，也就消灭了阶级对立的存在条件，消灭了阶级本身的存在条件，从而消灭了它自己这个阶级的

---

①《马克思恩格斯选集》第3卷，北京：人民出版社，1995年，第304页。

统治。”[①]恩格斯在《社会主义从空想到科学的发展》中写道：“资本主义生产方式日益把大多数居民变为无产者，从而就造成一种在死亡的威胁下不得不去完成这个变革的力量。这种生产方式日益迫使人们把大规模的社会化的生产资料变为国家财产，因此它本身就指明完成这个变革的道路。无产阶级将取得国家政权，并且首先把生产资料变为国家财产。但是这样一来，它就消灭了作为无产阶级的自身，消灭了一切阶级差别和阶级对立，也消灭了作为国家的国家。”[②]这就是说，无产阶级在革命进程中消灭了资本主义的生产关系，就等于消灭了阶级存在的条件，从而也就消灭了阶级、阶级差别和阶级矛盾。由此看来，在马克思、恩格斯的思想中，没有阶级、阶级差别和阶级矛盾也是社会主义社会的特征之一。

根据马克思、恩格斯的设想，社会主义社会没有国家和国家机器。如上文所说，无产阶级在革命的进程中消灭了自己这个阶级的统治，消灭了作为国家的国家，体现了马克思、恩格斯关于社会主义社会没有国家的设想。恩格斯在《社会主义从空想到科学的发展》中还指出：“当国家终于真正成为整个社会的代表时，它就使自己成为多余的了。当不再有需要加以镇压的社会阶级的时候，当阶级统治和根源于至今的生产无政府状态的个体生存斗争已被消除，而由此二者产生的冲突和极端行动也随着被消除了的

---

①《马克思恩格斯选集》第1卷，北京：人民出版社，1995年，第294页。

②《马克思恩格斯选集》第3卷，北京：人民出版社，1995年，第754—755页。

时候，就不再有什么需要镇压了，也就不再需要国家这种特殊的镇压力量了。国家真正作为整个社会的代表所采取的第一个行动，即以社会的名义占有生产资料，同时也是它作为国家所采取的最后一个独立行动。那时，国家政权对社会关系的干预在各个领域中将先后成为多余的事情而自行停止下来。那时，对人的统治将由对物的管理和对生产过程的领导所代替。”[①]这里表达的思想是，无产阶级国家的唯一任务是变革生产资料所有制关系，将资本主义私有制变为全社会占有生产资料的公有制。当它完成这个任务时，阶级差别和阶级对立已经消失，社会上没有什么需要镇压的人和事，国家也就自行消亡了。恩格斯在有关著作中还指出：“随着阶级的消失，国家也不可避免地要消失。在生产者自由平等的联合体的基础上按新方式来组织生产的社会，将把全部国家机器放到它应该去的地方，即放到古物陈列馆去，同纺车和青铜斧陈列在一起。”[②]这是马克思、恩格斯国家消亡思想的经典表述。按马克思、恩格斯的设想，国家消亡以后，由巴黎公社式的机构对社会进行管理。巴黎公社式的机构，是没有官僚、常备军、警察、法庭和监狱的机构。社会主义社会的管理机构应该是这样的。由此可见，在马克思、恩格斯的思想中，没有国家和国家机器也是社会主义社会的特征之一。

在《共产党宣言》中，马克思、恩格斯有一句名言：

---

①《马克思恩格斯选集》第3卷，北京：人民出版社，1995年，第755页。

②《马克思恩格斯选集》第4卷，北京：人民出版社，1995年，第174页。

“代替那存在着阶级和阶级对立的资产阶级旧社会的，将是这样一个联合体，在那里，每个人的自由发展是一切人的自由发展的条件。”[①]因而，将马克思、恩格斯设想的理想社会称为“自由人的联合体”，也是恰当的。

综上所述，马克思、恩格斯设想中的社会主义社会，其主要特征是没有商品生产和货币交换，没有阶级、阶级差别和阶级矛盾，没有国家和国家机器。可以说，它是一个“自由人的联合体”。关于这个问题，理论界是已经达成了共识的。

既然马克思、恩格斯设想的社会主义社会是具有上述特征的社会，那么毫无疑问，社会主义胜利或者说社会主义革命胜利就是指建成了具有上述特征的社会主义社会。对此是不应该有什么疑问的！

（二）一个国家特别是比较落后的国家如俄国能否首先取得社会主义胜利

试想一下，一个国家特别是一个比较落后的国家如俄国能够首先取得社会主义胜利吗？它能够一个国家建成上述马克思、恩格斯设想的社会主义社会吗？显然是不可能的！

一个国家特别是一个比较落后的国家如俄国不可能消灭商品生产和货币交换。历史事实已经证明了这一点。从列宁时期的苏俄到以后的苏联，都没有消灭商品生产和货币交换。二战后走向社会主义道路的一些国家，也没有能

①《马克思恩格斯选集》第1卷，北京：人民出版社，1995年，第294页。

够消灭商品生产和货币交换。从经济发展的规律和要求看，在世界上大多数国家都进行商品生产和货币交换的大环境下，如果某一个无产阶级掌握政权的国家或者说实行社会主义生产的国家取消了商品生产和货币交换，那么这个国家将如何同周边的国家进行经济交往？难道它可以同世界各国断绝经济交往，难道它可以完全地、绝对地闭关而发展？这是不可思议的。如果它是一个比较落后的国家，则更是不可思议的！

一个国家特别是一个比较落后的国家如俄国不可能消灭阶级、阶级差别和阶级矛盾。历史证明，苏俄以及苏联，从来没有做到消灭阶级、阶级差别和阶级矛盾。其他的共产党掌握政权的社会主义国家，也从来没有做到消灭阶级、阶级差别和阶级矛盾。做到这一点的要求是，生产资料由全社会共同占有，社会生产力高度发达，消费资料前所未有地丰富，能够完全地、充分地满足人们消费的需要。此时，任何个人占有消费资料或者多占有消费资料，都成为多余的、毫无意义的事情。只有到这个时候，人与人之间才能真正实现平等，才能消灭阶级、阶级差别和阶级矛盾，达到没有阶级、阶级差别和阶级矛盾的境界。某一个国家特别是比较落后的俄国，不可能单独一个国家达到这样的境界。

一个国家特别是一个比较落后的国家如俄国不可能达到国家和国家机器消亡的境界。历史证明，任何无产阶级掌握政权的国家或者社会主义国家，均未达到过国家和国家机器消亡的境界。上文已述，这些国家从来没有做到消灭阶级、阶级差别和阶级矛盾，这意味着在这些国家内，还存在着需要镇压的阶级或人群，因而还需要保留国家和国家机器。从国际环境看，周边的资产阶级国家都有强大的常备军，他们随时有可能对无产阶级掌握政权的国家或者社会主义国家发动侵略战争。无产阶级掌握政权的国家或者社会主义国家如果没有国家机器如常备军，将如何反击资产阶级国家的侵略和巩固无产阶级政权？所以说，在世界上其他国家的国家机器日益强化的环境下，一个国家特别是比较落后的国家如俄国，即便是无产阶级掌握政权，没有国家和国家机器，后果仍是不可想象的。

以上论证足以表明，一个国家特别是比较落后的国家首先建成马克思、恩格斯所设想的社会主义社会，即具有上述种种特征的理想社会，是不可能的。历史上从未出现这样的现象。因此，作为信仰和学习马克思主义并懂得一些马克思主义理论的我们，不会认同所谓“一国或数国社会主义首先胜利”的理论，或者说不赞成这个理论。因为这个理论是不正确的，是不符合历史事实的。

既然连作为普通理论工作者的我们都不认同、不赞成这一理论，那么作为马克思、恩格斯理论和事业继承者的列宁怎么可能提出这一理论呢？难道列宁在此问题上犯糊涂了吗？列宁自己并未说过他提出了这一理论，人们为什么要将这个理论强加在他身上呢？

二、两种非科学的辩解

在长期的论争中，有的人虽然感到一个国家特别是一个落后国家首先实现马克思、恩格斯设想的社会主义社会应该是不可能的，或者说一个国家特别是一个落后的国家首先取得社会主义胜利是不可能的，但他们又不愿意放弃这一“理论”，于是想方设法进行辩解。

（一）第一种辩解

这种辩解说，“一国或数国社会主义首先胜利”所指的胜利，不是指建成社会主义社会的胜利，而是指一国首先夺取政权的胜利；或者说是指单纯的“政治革命”的胜利，不包括“社会革命”即社会制度变革的内容。这种辩解是非科学的。

其一，一个国家可以首先夺取政权，这是一个人人都不否认的、十分简单的事实或道理，中外理论界不会就此进行长时间的论争。稍微懂得社会科学知识的人或者对社会科学稍有关注的人都知道，夺取政权的斗争可以在一个国家先胜利，甚至可以在一个城市先胜利、在一条街道先胜利、在一个山头先胜利，例如在巴黎先胜利、在井冈山先胜利。因为夺取政权的斗争总会在某个地方先开始、先胜利，进而扩展到其他的地方。不仅无产阶级革命是这样，资产阶级革命也是这样，甚至封建社会里发生的农民起义也是这样。对于这样一个人人都不否认的、十分简单的事实或道理，20世纪20年代苏联理论界会就此产生严重的分歧吗？1917年十月武装起义就是在彼得格勒一个城市先胜利的，即在这个城市先夺取政权的。这个事实十分明显地摆在人们面前，难道苏联的理论工作者看不到这个事实，不懂得这个道理，会为此而发生争论？显然不是的！

他们争论的是一个国家特别是落后的俄国能不能在世界上首先建成马克思、恩格斯设想的社会主义社会的问题。从那时到现在，已经一百年，理论界和学术界不断地争论，难道争论的是一个人人都不否认的、十分简单的事实或道理，即一个国家可不可以先夺取政权的问题？显然争论的不是这个问题，而是一个国家特别是一个落后国家能不能首先建成马克思、恩格斯设想的社会主义社会的问题。

其二，一个国家虽可以首先夺取政权，但随时会丧失政权，这个事实对于无产阶级的解放无根本性意义，理论界也不会就此进行长时期的论争。1871年巴黎的无产阶级在巴黎首先夺取政权并建立了新政权，但是两个多月后便丧失了。1919年匈牙利无产阶级夺取政权并建立了苏维埃政权，但是不久也告丧失。这一时期德国巴伐利亚的无产阶级也夺取政权并建立了苏维埃政权，但在很短的时间内也被敌对势力所颠覆。从上述事实可以看到，夺取政权对于无产阶级的解放不能说完全没有意义，但是无根本性意义，即它未起到解放无产阶级的作用。换言之，夺取政权对于建成马克思、恩格斯设想的社会主义社会，对于社会主义的胜利，无根本性意义。由此看，一百年来理论界、学术界争论的应该不是一国可不可以首先夺取政权这样一个对于无产阶级的解放无根本性意义的问题。

其三，如果孤立地看“一国夺取政权”，不把它与社会制度的变革联系起来，则不知道夺取政权者的目的是什么，不知道夺取政权这个政治事件的性质是什么，理论界不会为此进行长时期的论争。理论和历史说明，夺取政权是一个政治手段和途径，通过它可以走向新社会制度。如果夺取政权者在建立了自己的政权后不对社会制度进行变革，即不建立新社会制度，那么这种夺取政权的行为只能称为“政变”。夺取政权并建立了新政权的革命政党，必然会对社会制度进行改造和变革，必然会建立新制度，虽然建立新社会制度是一步一步进行的，是由简单到复杂、由低级到高级进行的。所以，人们在观察和研究夺取政权的行为时，必须将夺取政权的行为和新政权实施的社会变革措施联系起来看，只有这样才能看清楚夺取政权者的目的和政权更替的性质。如果孤立地看夺取政权的行动，则不能看清楚任何问题。由此可见，认为“一国或数国社会主义首先胜利”所指的胜利是夺取政权的胜利，是让人们去看那个看不清楚任何问题的事物。

其四，马克思、恩格斯和列宁未将夺取政权的行动称为“社会主义革命”。如马克思、恩格斯称巴黎无产阶级夺取政权的行动为“革命”“工人革命”“公社革命”“人民革命”“法兰西内战”。列宁称1917年十月武装起义夺取政权的行动为“革命”“武装起义”“第二次革命”“十月革命”“工农革命”“工人、士兵、农民的革命”。既然马克思、恩格斯和列宁未将夺取政权的行动称为“社会主义革命”，那么提出“一国或数国社会主义首先胜利”所指的胜利是指夺取政权的胜利这一说法，明显不符合马克思、恩格斯和列宁的本意。

上述论述足以证明，“一国或数国社会主义首先胜利”所指的胜利是指一国首先夺取政权的胜利的说法，是站不住脚的。

（二）第二种辩解

这种辩解，也许称它为许多人在确认一个国家特别是一个比较落后的国家可以首先取得社会主义胜利时的思想方法更合适。这种思想方法的内容是：用后来出现的苏联社会主义模式作为社会主义社会的参照物。

20世纪30年代中期，苏联执政党和国家政权宣布建成了社会主义社会，并且苏联人民以及当时世界上各个国家建立的共产党和共产党领导下的人民群众，都认可苏联建成了社会主义社会。这个事实似乎给人们提供了一个一国特别是一个比较落后的国家首先建成社会主义社会的例子。于是，“一国或数国社会主义首先胜利”的理论与苏联建成社会主义社会相辅相成、相得益彰，即苏联建成社会主义社会的事实证明了“一国或数国社会主义首先胜利”理论，这个理论则论证和支持了苏联建成社会主义社会的事实。在那个时候以及以后许多年里，没有人想到过苏联建成的社会主义社会与马克思、恩格斯设想的社会主义社会有很大的不同。20世纪80年代改革浪潮掀起后，形成了苏联社会主义模式或者斯大林社会主义模式的概念，人们开始认识到，苏联的社会主义社会或者说苏联模式的社会主义社会不同于马克思、恩格斯设想的社会主义社会。但是即便如此，人们也没有认真地思考能不能用苏联模式社会主义社会的建成来证明列宁提出了“一国或数国社会主义首先胜利”的理论。

笔者认为，绝不能用苏联模式社会主义社会的建成来证明所谓“一国或数国社会主义首先胜利”的理论！其理由如下：

其一，列宁在1915年绝不可能预见到20世纪30年代中期产生的苏联模式的社会主义社会。那些认定列宁提出了“一国或数国社会主义首先胜利”的理论的人指出，列宁是在1915年《论欧洲联邦口号》一文以及1916年《无产阶级革命的军事纲领》一文中提出这一理论的。现在人们以20世纪30年代中期建成的苏联模式的社会主义社会作为事实来论证列宁1915年提出了某个理论，那就是肯定列宁1915年关于社会主义社会的思想与20世纪30年代中期的苏联模式的社会主义社会有必然的联系，或者说肯定列宁可以未卜先知预见到20世纪30年代中期会出现苏联模式的社会主义社会，并且列宁一定会赞成这种社会主义社会。人们如果这样来论证或者这样来设想，是十分荒唐的！列宁不是算命先生，他不可能具体地预见到身后的20世纪30年代中期产生的事物，不可能具体地预见到具有特殊性的苏联模式的社会主义社会。

其二，不能将1915年列宁的社会主义社会观同苏联模式的社会主义必然地联系在一起。在1915年或者说在十月革命以前，列宁的社会主义社会观相同于马克思、恩格斯的社会主义社会观，或者说他继承了马克思、恩格斯的社会主义社会观，未就什么是社会主义社会提出明显不同于马克思、恩格斯的观点。可以说，上文论及的马克思、恩格斯关于社会主义社会的设想，即没有商品生产和货币交换，没有阶级、阶级差别和阶级矛盾，没有国家和国家机器的设想，列宁在这个时期是坚持和继承着的。列宁于十月革命前夕撰写的《国家与革命》第五章的内容证明了这一点。对于这一点，理论界和学术界从来没有人提出异议。所以可以说，列宁1915年文章中提出的社会主义胜利，指的是马克思、恩格斯思想上的社会主义胜利，指的是建成了马克思、恩格斯所设想的社会主义社会。对此，人们也应该是不会有什么异议的。可是，有些人在肯定列宁提出了“一国或数国社会主义首先胜利”的理论时，不将列宁这里所说的社会主义胜利同马克思、恩格斯所设想的社会主义社会相联系，而将它同苏联模式的社会主义社会相联系，用苏联模式社会主义社会的建成来论证列宁1915年就提出了“一国或数国社会主义首先胜利”的理论，这就大谬不然了。

其三，十月革命后列宁在建设无产阶级经济、政治和文化的进程中表达的新观点或新思想，也不同于苏联模式的社会主义。苏维埃政权建立以后，苏俄的历史进入向社会主义过渡的时期（不是进入社会主义社会），列宁和俄共（布）领导人民推进了经济、政治和文化建设。在这个过程中，列宁从实际出发，发展了马克思主义理论。特别是在新经济政策时期，列宁提出了比较落后的俄国通过“中间环节”向社会主义过渡的思想，即利用资本主义和国家资本主义的作用以及商品和货币的作用向社会主义社会过渡的思想。这个时期列宁的思想不同于苏联模式的社会主义，对此理论界和学术界也是没有异议的。由此看来，不能用苏联模式的社会主义来论证或者说印证列宁的社会主义理论。

总之，用苏联模式社会主义社会的建成来论证或印证列宁1915年提出了“一国或数国社会主义首先胜利”的理论，是错误的思想方法。

如果不能以苏联模式社会主义社会的建成来论证和印证列宁的“一国或数国社会主义首先胜利”的理论，那么这个理论就是到目前为止没有被历史所证明的理论，任何对它的科学性和正确性的假设都是不合理的。

三、列宁从未说过自己提出了“一国或数国社会主义首先胜利”的理论，是斯大林说列宁提出了这样的理论

要论证列宁没有提出“一国或数国社会主义首先胜利”的理论，或者论证他否定这方面的主张，论据可以说是太多了。这里仅从他1920年11月在有关会议上的讲话来看。

1920年11月，苏俄人民已经赶走了外国武装干涉者，平息了国内的反革命叛乱，取得了国内战争的伟大胜利。列宁在有关会议上总结革命的经验时说：“那时（十月革命时——笔者注）我们知道，只有我们的事业在全世界取得胜利，我们的胜利才会巩固，因为我们在开始我们的事业时，就把全部希望都寄托在世界革命上。”[①]他还说：“三年前当我们提出关于俄国无产阶级革命的任务及其胜利的条件的问题时，我们总是明确地说：没有西欧无产阶级革命

---

①《列宁全集》第40卷，北京：人民出版社，1986年，第1—2页。

的支持，这个胜利就不可能巩固；只有从国际的观点出发才能正确估价我们的革命。为了取得巩固的胜利，我们必须使无产阶级革命在一切国家或者至少在几个主要的资本主义国家取得胜利。”[1]他又说：“孟什维克说我们想单独地战胜世界资产阶级。然而我们一贯说，我们只是世界革命链条上的一环，从来没有给自己提出只靠自己的力量去夺取胜利的任务。”[2]1920年11月列宁的这些话语，是列宁对十月革命以来他本人关于俄国革命与西方革命关系的思想认识的历史性总结。也就是，从1917年到1920年底，列宁把革命胜利的希望都“寄托在世界革命上”，认为必须使无产阶级革命“在一切国家或者至少在几个主要的资本主义国家取得胜利”，认为俄国无产阶级从来没有给自己提出“只靠自己的力量去夺取胜利的任务”。

这里列宁所谓我们“从来没有给自己提出只靠自己的力量去夺取胜利的任务”，等于是说，俄国无产阶级政党从来没有提出俄国一个国家首先争取社会主义胜利的任务。由此可以看出，列宁是否定俄国一个国家取得社会主义胜利的可能性、必要性和必然性的。

是斯大林和联共（布）中央认为列宁于第一次世界大战期间形成和提出了区别于马克思主义“同时胜利”论的“一国社会主义首先胜利”的理论。

1924年12月，斯大林在《十月革命和俄国共产党人的

①《列宁全集》第40卷，北京：人民出版社，1986年，第22页。

②《列宁全集》第40卷，北京：人民出版社，1986年，第42页。

策略》一文里最先提出这一问题。在此文中，他在批判托洛茨基的“不断革命”论时说：“还在战争期间，列宁就依据帝国主义国家发展不平衡的规律，提出他的关于社会主义在一个国家（即使这个国家的资本主义不大发达）内胜利的无产阶级革命理论来驳斥机会主义者。”[①]作为对列宁于第一次世界大战期间提出了“一国社会主义首先胜利”这种说法的论证，斯大林首次援引了列宁1915年《论欧洲联邦口号》中的一段话，写道：“列宁说：‘经济政治发展的不平衡是资本主义的绝对规律。由此就应得出结论：社会主义可能首先在少数或者甚至在单独一个资本主义国家内获得胜利。这个国家内获得胜利的无产阶级既然剥夺了资本家并在本国组织了社会主义生产，就会起来反对其余的资本主义的世界，把其他国家的被压迫阶级吸引到自己方面来，在这些国家中掀起反对资本家的起义，必要时甚至用武力去反对剥削阶级及其国家。’因为‘没有各社会主义共和国对各落后国家的相当长期的顽强斗争，便不能实现各民族在社会主义中的自由联合’。”[②]在这里，斯大林对列宁这一“理论”的概括和表述是“社会主义在一个国家内获得胜利”，而且“即使这个国家的资本主义不发达”也不影响它能单独一个国家首先取得社会主义胜利。显然这样的概括和表述不同于人们通常说的“一国或数国社会主义首先胜利”的理论，比人们通常所说的那个说法更显极

①《斯大林全集》第6卷，北京：人民出版社，1956年，第322页。

②《斯大林全集》第6卷，北京：人民出版社，1956年，第321页。

端和绝对。因为它强调“一国社会主义首先胜利”，而不是“数国社会主义首先胜利”。在这里，斯大林还说，列宁用这个理论来驳斥机会主义者。意思是说，持有与“一国社会主义首先胜利”主张不同的主张的人是机会主义者。这就将马克思、恩格斯也划到机会主义者队伍中去了。

1925年4月，俄共（布）第十四次代表会议通过了《关于共产国际和俄共（布）因共产国际执行委员会扩大全会的决议而产生的任务的提纲》，提纲中写道：“从‘经济政治发展的不平衡（这种不平衡是资本主义的绝对规律）’中，列宁同志总结出了两点：（一）可能‘社会主义首先在少数或者甚至在单独一个资本主义国家内获得胜利’。（二）可能这少数或者甚至一个国家不一定是最发达的资本主义国家……”①这次会议的召开和提纲的通过，说明俄共（布）中央接受了第一次世界大战期间列宁提出了“一国社会主义首先胜利”的理论的说法。

1926年1月，斯大林发表了《论列宁主义的几个问题》。这篇文章中，斯大林在批判季诺维也夫否认一国可以建成社会主义的观点时说：“让我们请教列宁吧。列宁还在十月革命以前，即在1915年8月论到社会主义在一个国家内胜利的问题时，就已说过：‘经济政治发展的不平衡是资本主义的绝对规律……’”②这里他又一次援引了列宁《论欧洲联邦口号》中的有关话语，以证明列宁在大战期间提

①《苏联共产党代表大会、代表会议和中央全会决议汇编》第三分册，北京：人民出版社，1956年，第43页。

②《斯大林全集》第8卷，北京：人民出版社，1954年，第68页。

出过“一国社会主义首先胜利”的理论。

1926年10月，斯大林在《关于联共（布）党内的反对派联盟》的提纲中，把上述列宁“一国社会主义首先胜利”的理论说成了党发动十月革命的思想出发点。他写道：“党在组织十月革命时的出发点是：‘社会主义可能首先在少数或者甚至在单独一个资本主义国家内获得胜利’，‘这个国家内获得胜利的无产阶级既然剥夺了资本家并在本国组织了社会主义生产’，就能够而且应当起来‘反对其余的资本主义的世界，把其他国家的被压迫阶级吸引到自己方面来，在这些国家中掀起反对资本家的起义，必要时甚至用武力去反对剥削阶级及其国家’。”[①]固然，这里斯大林援引的列宁的话语，确是列宁说过的，但是列宁未必是针对俄国革命特别是十月革命而言的，所以将这些话语与十月革命相联系，由此而理解党关于十月革命的思想出发点未必是合适的。

一年以后，即1927年12月，斯大林在联共（布）第十五次代表大会的报告里，在论证列宁于第一次世界大战中已提出了“一国社会主义首先胜利”的理论和这一理论是十月革命的指导方针时，引用了列宁1916年《无产阶级革命的军事纲领》中的一段话，他说道：“下面是1917年9月（实际应为1916年9月——笔者注）列宁在国外发表的一篇有名的文章《无产阶级革命的军事纲领》中的一段话：‘在一个国家内胜利了的社会主义决不能一下子根本排除一切

①《斯大林全集》第8卷，北京：人民出版社，1954年，第193—194页。

战争。相反地，它预计到战争。资本主义的发展在各个国家是极不平衡的。而且在商品生产的条件下也只能是这样。由此可以得出一个确定不移的结论：社会主义不能在所有国家内同时获得胜利。它将首先在一个或几个国家内获得胜利，而其余的国家在一个相当时期内将仍然是资产阶级的或资产阶级以前的国家。这就不仅会引起摩擦，而且会引起其他各国资产阶级公开企图扑灭社会主义国家中胜利的无产阶级。在这种情形下发生的战争，就我们方面说来是合理的和正义的战争。这是争取社会主义、争取把其他各国人民从资产阶级压迫下解放出来的战争'。"①

1938年，联共（布）中央审定出版了《联共（布）党史简明教程》。该教程代表联共（布）中央的意见，在叙述列宁在第一次世界大战时期的社会主义革命理论时，把列宁的思想推向了极端。其一，该教程认为，列宁在战争时期所写的两篇文章（即《论欧洲联邦口号》和《无产阶级革命的军事纲领》）中提出了“一国社会主义首先胜利”的理论，并认为“这一理论的基础是列宁早在1905年写的《社会民主党在民主革命中的两种策略》这本小册中就已规定了的”②。其二，该教程认为，列宁在第一次世界大战时期的这一理论说明“社会主义在所有国家内同时胜利是不可能的，而社会主义在单独一个资本主义国家内胜利是可

①《斯大林全集》第10卷，北京：人民出版社，1954年，第291—292页。

② 联共（布）中央特设委员会编：《联共（布）党史简明教程》，北京：人民出版社，1975年，第189页。

能的”[①]。这就把列宁的思想推向了极端，一是它说列宁的这个理论早在1905年革命时期即已形成，而不是到1915年才形成；二是它把单独一国社会主义首先胜利与所有国家社会主义同时胜利绝对地对立起来，断言只有单独一国行动才可能胜利，同时胜利则是绝不可能的。

四、对列宁两段话的解析

斯大林和联共（布）中央在论证列宁提出了“一国或数国社会主义首先胜利”（实际上应该表述为“一国胜利”）的理论时，所使用的论据仅仅是列宁1915年《论欧洲联邦口号》中的一段话和1916年《无产阶级革命的军事纲领》中的一段话。这两段话的本意是什么？它能否证明列宁提出了“一国或数国社会主义首先胜利”的理论？值得认真地、深入地研究。

为了增强论证的针对性和明确性，笔者分别将这两段话中的核心句子即与社会主义胜利有关的句子摘录如下：

“经济和政治发展的不平衡是资本主义的绝对规律。由此就应得出结论：社会主义可能首先在少数甚至在单独一个资本主义国家内获得胜利。”[②]

“资本主义的发展在各个国家是极不平衡的。而且在商品生产下也只能是这样。由此得出一个必然的结论：社会主义不能在所有国家内同时获得胜利。它将首先在一个或

① 联共(布)中央特设委员会编:《联共(布)党史简明教程》,北京:人民出版社,1975年,第189页。

②《列宁全集》第26卷,北京:人民出版社,1988年,第367页。

者几个国家内获得胜利，而其余的国家在一段时间内将仍然是资产阶级的或资产阶级以前的国家。”[①]

上述两个句子中的关键词句是：资本主义“经济和政治发展的不平衡”或者资本主义的发展在各个国家“极不平衡”；“少数”或者“几个”国家；“单独一个资本主义国家”。要弄清这两段话的本意，必须弄清这几个关键词句的含义。

（一）关于资本主义发展的“不平衡”

斯大林和联共（布）中央是紧紧抓住资本主义发展的“不平衡”来解释列宁的思想的。斯大林说，资本主义发展的“不平衡”，一些后起的资本主义国家“跳跃式”的发展，赶上和超过了老牌帝国主义国家。资本主义国家之间的实力对比发生了变化，它们必然要求根据新的实力对比关系重新瓜分殖民地，由此必然爆发帝国主义战争。帝国主义战争使帝国主义国家相互削弱，造成帝国主义链条上的“最薄弱的地方”。“最薄弱的地方”上的“一个国家”可以首先取得社会主义胜利。

上述斯大林对列宁思想的解读似乎十分具有逻辑性。它可以表现为一个“逻辑严密”的公式：资本主义国家之间实力对比发生变化→导致帝国主义重新瓜分世界的战争→战争削弱帝国主义→出现一个“最薄弱的地方”→某一个国家首先取得社会主义胜利。

笔者郑重指出的是，列宁确有这样的思想：资本主义

①《列宁全集》第28卷，北京：人民出版社，1990年，第88页。

国家之间实力对比发生变化→导致帝国主义重新瓜分世界的战争。

但是，列宁没有这样的思想：战争削弱帝国主义→出现一个“最薄弱的地方”→某一个国家首先取得社会主义胜利。

1. 列宁未说过战争会造成帝国主义链条上的“最薄弱的地方”，这里的某一个国家可以首先取得社会主义胜利。

在《帝国主义是资本主义的最高阶段（通俗的论述）》中，列宁指出：“在资本主义制度下，各个企业、各个工业部门和各个国家的发展必然是不平衡的，跳跃式的。起先，英国早于别国成为资本主义国家，到19世纪中叶，英国实行自由贸易，力图成为‘世界工厂’，由它供给各国成品，这些国家则供给它原料作为交换。但是英国的这种垄断，在19世纪最后的25年已经被打破了，因为当时有许多国家用‘保护’关税来自卫，发展成为独立的资本主义国家。”[①]在这段话语里，出现了发展的“不平衡”及“跳跃式”的发展等字眼，而这些字眼是斯大林解读列宁的思想时较多使用的字眼。可是，列宁的话语及思想就此停住，没有进一步演绎为发展的“不平衡”必然导致帝国主义战争，战争将造成帝国主义链条上的“最薄弱的地方”，这里的某一个国家可以首先取得社会主义胜利。

列宁在《帝国主义是资本主义的最高阶段（通俗的论述）》中还写道：“1892年，德国的生铁产量为490万吨，

①《列宁全集》第27卷，北京：人民出版社，1990年，第376页。

英国为680万吨；但是到1912年，已经是1760万吨比900万吨，也就是说，德国永远地超过英国了！试问，在资本主义基础上，要消除生产力发展和资本积累同金融资本对殖民地和‘势力范围’的瓜分这两者之间不相适应的状况，除了用战争以外，还能有什么其他办法呢？”[①]这里列宁说到帝国主义国家之间由于实力对比关系的变化，必然导致重新瓜分世界的战争。可是他的话只说到这里，没有继续说：战争会造成帝国主义链条上的“最薄弱的地方”，这里的某一个国家可以首先取得社会主义胜利。

《帝国主义是资本主义的最高阶段（通俗的论述）》中还有这样的话语：“金融资本和托拉斯不是削弱而是加强了世界经济各个部分在发展速度上的差异。既然实力对比发生了变化，那么在资本主义制度下，除了用实力来解决矛盾，还有什么别的办法呢？”[②]这里的思想，也是帝国主义以战争的手段来重新瓜分殖民地的思想。可是他也是写到此为止，没有继续说战争会造成帝国主义链条上的“最薄弱的地方”，这里的某一个国家可以首先取得社会主义胜利。

下面这段话语也出于《帝国主义是资本主义的最高阶段（通俗的论述）》中：“当非洲十分之九的面积已经被占领（到1900年时）、全世界已经瓜分完毕的时候，一个垄断地占有殖民地、因而使瓜分世界和重新瓜分世界的斗争特

①《列宁全集》第27卷，北京：人民出版社，1990年，第410页。

②《列宁全集》第27卷，北京：人民出版社，1990年，第408—409页。

别尖锐起来的时代就不可避免地到来了。”[①]他的意思是，当世界已经瓜分完毕时，用战争来重新瓜分世界的时代就到来了。他没有说到战争会造成帝国主义链条上的“最薄弱的地方”，这里的某一个国家可以首先取得社会主义胜利。

列宁1920年在撰写《帝国主义是资本主义的最高阶段（通俗的论述）》法文版和德文版序言中写道：“帝国主义是无产阶级社会革命的前夜。从1917年起，这已经在全世界范围内得到了证实。”[②]这里已经将帝国主义与无产阶级社会革命联系起来了。可是，他也没有提出帝国主义战争将造成帝国主义链条上的“最薄弱的地方”，这里的某一个国家可以首先取得社会主义胜利。

《论欧洲联邦口号》是被认定为列宁提出“一国或数国社会主义首先胜利”理论依据的文章。下面看看这里有没有关于帝国主义战争造成帝国主义链条上的“最薄弱的地方”，这里的一国可以首先胜利的话语或类似的话语。列宁写道：“可是在资本主义制度下，除了实力以外，不可能根据别的基础、别的原则进行瓜分。”[③]“瓜分只能‘按实力’进行。而实力是随着经济发展的进程而变化的。1871年以后，德国实力的增强要比英法快两三倍；日本要比俄国快十来倍。而要测定一个资本主义国家的真正实力，除了战争以外，没有也不可能有别的办法。战争同私有制的

①《列宁全集》第27卷，北京：人民出版社，1990年，第435页。
②《列宁全集》第27卷，北京：人民出版社，1990年，第330页。
③《列宁全集》第26卷，北京：人民出版社，1988年，第366页

基础并不矛盾，而是这些基础的直接的和必然的发展。在资本主义制度下，各个经济部门和各个国家在经济上是不可能平衡发展的。”[①]这里列宁具体地描述了一些资本主义国家实力变化的情况，肯定了它们将按实力、以战争为手段来瓜分世界。可是除此外，他依然没有说到战争会造成帝国主义链条上的“最薄弱的地方”，这里的某一个国家可以首先取得社会主义胜利。

2. 认为战争会造成帝国主义链条上的“最薄弱的地方”，这里的某一个国家可以首先取得社会主义胜利，是斯大林的话语和思想。

1924年12月，斯大林在《十月革命和俄国共产党人的策略》中是这样来表述这一说法的：“财政压迫的世界体系内部的矛盾的增长和军事冲突的必然性使帝国主义世界战线容易被革命攻破，使这条战线很可能被个别国家突破。”[②]“这种突破最可能发生在帝国主义战线的链条最薄弱的地方和国家，即在帝国主义防卫最差而革命最容易展开的地方和国家。”[③]这里他说帝国主义的军事冲突使得革命有可能在帝国主义链条上的“最薄弱的地方”被突破。什么是帝国主义链条上的“最薄弱的地方”？他的解释是：“帝国主义防卫最差”的地方。这里，他仍未将帝国主义战争使帝国主义相互削弱与“一国可以首先取得社会主义胜利”联系起来。

---

①《列宁全集》第26卷，北京：人民出版社，1988年，第366页。

②《斯大林全集》第6卷，北京：人民出版社，1956年，第320页。

③《斯大林全集》第6卷，北京：人民出版社，1956年，第320—321页。

1926年11月，斯大林在联共（布）第十五次全国代表会议上的报告中进一步指出："在帝国主义发展的时期，各个资本主义国家发展的不平衡变成了帝国主义发展的决定力量，帝国主义者之间不可避免的冲突和战争削弱着帝国主义战线并使这条战线在个别国家中可能被突破"①，"这种情形必然使帝国主义者相互削弱而造成在个别国家内突破帝国主义战线的可能性"②。这里他明确地说战争削弱着帝国主义战线，帝国主义者相互削弱，使得帝国主义战线上的个别国家有可能被革命突破。这是对《十月革命和俄国共产党人的策略》中思想的补充和发展。到这里，终于形成了一个看似"逻辑严密"的公式：战争削弱着帝国主义→造成帝国主义链条上的"最薄弱的地方"→这里的一个国家可以首先取得社会主义胜利。显然，这是斯大林思想上的公式。

上述斯大林的思想传入中国时，"最薄弱的地方"的说法演化成了更为精炼的、更为形象的"薄弱环节"说。如人民出版社出版、在中国有关学术领域极具权威性的《国际共产主义运动史》，在叙述列宁第一次世界大战时期的社会主义革命理论时写道："列宁认为：由于资本主义经济政治发展不平衡规律的作用异常显著，使得一些后起的资本主义国家（如德国、日本、美国等）在经济政治实力的发展方面很快超过了老牌资本主义国家，然而世界上的殖民

①《斯大林全集》第8卷，北京：人民出版社，1954年，第220页。

②《斯大林全集》第8卷，北京：人民出版社，1954年，第282页。

地已被瓜分完毕，因此新老帝国主义国家之间就只有通过世界性的战争来重新瓜分殖民地。世界大战的结果势必使帝国主义的力量互相削弱，从而在帝国主义链条上造成薄弱环节。如果在这个薄弱环节上的某些国家，正好无产阶级政党的力量比较强大，又执行正确的方针路线，那么无产阶级就有可能首先在这里冲破帝国主义阵线，取得社会主义革命的胜利。”① 此后中国出版的有关教材中论及这个问题时，无不使用“薄弱环节”的字眼。

3. “最薄弱的地方”可以首先取得社会主义胜利的说法是非科学的。

如果说帝国主义战争使帝国主义国家相互削弱，造成帝国主义链条上的一个“最薄弱的地方”或者说“薄弱环节”，这里的某一个国家可以首先取得社会主义的胜利是一个科学理论的话，那么它一定能正确地反映出现代社会以来无产阶级社会主义革命的规律，一定能在历史上找到例证。可是，从现代世界历史上看，在第一次世界大战末期，真正的帝国主义链条上的“最薄弱的地方”是德国、奥匈帝国、土耳其和保加利亚等战败国，第二次世界大战造成的“最薄弱的地方”则是德、意、日三个法西斯国家。第一次世界大战末期和大战结束后不久，“最薄弱的地方”如德国、匈牙利曾爆发过未能取得最终胜利的革命，而第二次世界大战后“最薄弱的地方”上则根本没有发生

---

① 国际共产主义运动史》编写组：《国际共产主义运动史》第二卷，北京：人民出版社，1977年，第636页。

过革命。相比之下不是“最薄弱的地方”的俄国、中国等反而发生了社会主义革命并取得了胜利。当然这里所说的“胜利”，不是指建成了马克思、恩格斯所设想的社会主义社会，而是指建成了苏联模式的社会主义社会。

人们常常把俄国十月革命的胜利视为“最薄弱的地方”上的一国取得的胜利，然而列宁却不是持这种观点的。十月革命胜利后，列宁认为俄国容易发生革命的原因在于它是一个落后国家。在1919年的《第三国际及其在历史上的地位》中，列宁提出俄国容易发生革命的原因有六个，主要是：俄国由于政治制度非常落后，群众的革命攻击力异常强大；俄国的落后使无产阶级反对资产阶级的革命同农民反对地主的革命结合起来了；无产阶级同农民的特殊关系有利于资产阶级革命向社会主义革命过渡；等等。[①]

4.列宁关于经济政治发展不平衡或者资本主义发展不平衡的真实思想。

资本主义发展的不平衡，是一个涉及多方面内容的概念。在一个国家内，不同的行业之间、不同的地区之间，发展的速度有快有慢，发展的水平有高有低，这就是发展的不平衡。在同一性质的国家如资本主义国家之间，发展的速度有快有慢，发展的水平有高有低，这也是发展的不平衡。从世界范围看，有的国家已经发展成先进的资本主义国家或者说帝国主义国家，有的国家尚处于资本主义发

① 参见《列宁全集》第36卷，北京：人民出版社，1985年，第294页。

展的初期阶段，有的国家还处于资本主义以前的发展时期，这也是资本主义发展的不平衡。

在《论欧洲联邦口号》和《无产阶级革命的军事纲领》中，列宁是从世界范围看资本主义发展不平衡的。资本主义发展的不平衡意味着不同的民族或国家经济发展水平的差异，由此决定了不同民族或国家的革命性质和任务的不同。列宁在论述资本主义发展不平衡问题时，总是将它同不同民族或国家的不同性质的革命联系在一起论述的。

1914年9月即第一次世界大战爆发后不久，列宁在起草的《战争和俄国社会民主党》的宣言中写道："由于俄国最落后，由于它还没有完成资产阶级革命，这个国家的社会民主党人的任务仍然是实现彻底的民主改革所要求的三个基本条件：建立民主共和国（其中一切民族都享有充分的平等和自决权）、没收地主土地、实行八小时工作制。但是在一切先进国家，战争已把社会主义革命的口号提到日程上来。"[①]这里他说，俄国是最落后的国家，它还要完成资产阶级民主革命的任务；先进国家即西欧和北美的国家，社会主义革命的口号和任务已经提上了日程。这就是所谓资本主义发展不平衡的思想，即俄国与西欧国家发展水平截然不同以及革命性质不同的思想。

1915年3月，列宁在有关会议上的报告中讲到第二国际各国社会党、社会民主党领导人背叛了无产阶级革命的理论和路线时说："革命的社会民主党在当前这个时代所号

---

①《列宁全集》第26卷，北京：人民出版社，1988年，第18页。

召的国内战争，是无产阶级拿起武器反对资产阶级，在先进资本主义国家剥夺资本家阶级，在俄国实行民主革命（建立民主共和国、实行八小时工作制、没收地主土地），在一般落后的君主国建立共和国，等等。”[①]在这里，他除了论及俄国与先进资本主义国家革命的性质和任务不同外，还提出“一般落后君主国”或者说更落后的国家革命的任务仅仅是“建立共和国”，没有没收地主的土地和实行八小时工作制的内容，即它的任务与俄国革命的任务也有所不同。这里所表达的也是资本主义发展不平衡的思想以及革命的性质和任务不同的思想。

1915年5月，列宁在他负责起草的《国际妇女社会党人代表会议决议草案》中写道：“代表会议提醒女工们注意，在欧洲一些最先进的国家里，社会主义生产的客观条件已经成熟，整个运动正在进入新的阶段，目前的这场世界大战向她们提出了各项新的重大的任务，她们的运动可能成为群众的总行动的前奏，这一总行动将使整个社会主义运动达到新的规模，并使彻底解放的时刻早日到来。女工们在组织游行和革命示威方面采取主动，就能够与无产阶级携手并进地去开创无产阶级斗争的新纪元，在这个新纪元里，无产阶级将在比较先进的国家里赢得社会主义，而在比较落后的国家里赢得民主共和国。”[②]在这段话里，列宁一是肯定先进国家里组织社会主义生产的条件即建立

---

①《列宁全集》第26卷，北京：人民出版社，1988年，第165页。

②《列宁全集》第26卷，北京：人民出版社，1988年，第221—222页。

社会主义社会的条件已经成熟，女工的斗争将汇入无产阶级的整体运动之中，促进社会主义胜利的日子早日到来；二是强调在先进国家可以赢得社会主义胜利，在落后的国家只能赢得资产阶级民主革命的胜利。显然，这个思想里包含着深刻的资本主义发展不平衡以及革命的任务不一样的内容。

1916年1月，列宁在《社会主义革命和民族自决权》一文中把世界上的国家分为三大类，即“西欧的先进资本主义国家和美国”，“欧洲东部：奥地利、巴尔干、特别是俄国”，“中国、波斯、土耳其等半殖民地国家和所有殖民地”。[①]同年8月，他在有关文章中继续强调了这种划分。如他写道：世界范围内的国家，“第一类是西欧（以及美洲）的各先进国家，在那里，民族运动是过去的事情。第二类是东欧，在那里，民族运动是现在的事情。第三类是半殖民地和殖民地，在那里，民族运动在很大程度上是将来的事情。”[②]在他的思想中，第一类国家早已经完成了民族民主革命的任务，现在面临着社会主义革命的任务；第二类国家现在正面临着资产阶级民族民主革命的任务；第三类国家现在尚不够条件进行民族民主革命，完成这个任务是将来的事。这里的思想也是资本主义发展不平衡以及不同国家革命的任务有所不同的思想。

在这一时期，俄国革命家彼·基辅斯基反对列宁关于

①《列宁全集》第27卷，北京：人民出版社，1990年，第262—263页。

②《列宁全集》第28卷，北京：人民出版社，1990年，第129页。

民族自决权的思想，他的理由是：社会主义革命将消灭国家，也将消灭民族，所以民族自决权没有存在的意义。他说，可以设想社会主义革命“是所有国家的无产者的统一行动”，他们将打破资产阶级国家的疆界，拆掉界碑，炸毁民族共同体，所以民族自决权无存在的意义。

上述彼·基辅斯基的话语虽然是针对民族自决权问题而言的，但由于他说社会主义革命“是所有国家的无产者的统一行动”，列宁在《论面目全非的马克思主义和“帝国主义经济主义”》一文中对此提出了批评意见。列宁说：“社会变革不可能是所有国家的无产者的统一行动，理由很简单：地球上的大多数国家和大多数居民，直到今天甚至还没有达到或者刚刚开始达到资本主义的发展阶段。”“只有西欧和北美各先进国家才已成熟到可以实现社会主义的地步。”“不是所有国家的无产者，而是少数达到先进资本主义发展阶段的国家的无产者，将用统一行动实现社会主义。”[①]上述三段引文见于原著的同一页码，先后顺序如上所示。它十分有逻辑性地阐明了列宁关于资本主义发展不平衡的思想以及关于无产阶级革命的思想——西欧和北美已经成熟到可以实现社会主义的地步，其他地区的国家和居民或者刚刚进入资本主义发展阶段，或者尚未进入资本主义发展阶段。正因为如此，只有在资本主义发展已经成熟的国家即西欧、北美的国家，无产者才有条件以统一的行动实现社会主义，其他地区的国家和居民则无条件展开

①《列宁全集》第28卷，北京：人民出版社，1990年，第151页。

社会主义革命和进入社会主义社会。在此文中，列宁还指出，社会主义革命是一整个时代的事件。在这一整个时代里，先进国家将爆发无产阶级反对资产阶级的革命，落后国家将爆发民主革命运动，被压迫民族将爆发民族解放运动。他着重指出："为什么呢？因为资本主义发展得不平衡，而客观现实使我们看到，除了高度发达的资本主义民族，还有许多在经济上不那么发达和完全不发达的民族。"[①]在这里，列宁十分明白、清楚地阐述了资本主义发展不平衡的含义：世界上有高度发达的资本主义民族，有经济上不那么发达的民族，还有完全不发达的民族。

以上论述足以证明，在列宁的思想中，所谓资本主义发展不平衡，是指世界上各个地区、各个民族和国家的经济发展水平差距很大——西欧和北美是高度发达的资本主义民族和国家，东欧地区是刚刚进入资本主义发展阶段的民族和国家，其他地区则是处于资本主义以前时期的民族和国家。

（二）关于"少数"国家或者"几个"国家

在斯大林援引的列宁的两段话语中，出现了社会主义可能首先在"少数"国家或者"几个"国家胜利的字眼。可是人们以往只对"一个"国家胜利的字眼感兴趣，只关注对它的研究，而对"少数"国家或者"几个"国家胜利的字眼不重视，未对其进行过考察和研究。而在笔者看来，这几个字眼十分重要。正确理解这几个字眼的含义，

①《列宁全集》第28卷，北京：人民出版社，1990年，第153页。

对于正确理解上述列宁两段话的意思至关重要。

1915年，列宁在《论欧洲联邦口号》一文中说："资本已经变成国际的和垄断的资本。世界已经被少数几个大国即依靠大规模掠夺和压迫其他民族而强盛起来的国家瓜分完毕。"[①]在这里，所谓的"少数"国家和"几个"国家指的是当时世界上的大国和强国，即西方的帝国主义国家。在此文中，他还写道："在资本主义发展到最高程度的时代，少数几个大国对地球上将近10亿人口的掠夺，就是这样组织的。"[②]在这里，所谓"少数几个"国家仍然是指当时西方的几个对压迫民族进行掠夺的强国。

在《帝国主义是资本主义的最高阶段（通俗的论述）》中，列宁也多次使用"少数"国家的概念。如在该著法文版和德文版序言中，列宁写道："资本主义已成为极少数'先进'国对世界上绝大多数居民实行殖民压迫和金融扼杀的世界体系。"[③]在这里，所谓"少数"国家指"先进"国家即实施殖民压迫的西方帝国主义国家。他还写道："资本主义现在已经划分出极少数特别富强的国家……，它们专靠'剪息票'来掠夺全世界。"[④]"帝国主义意味着瓜分世界而不只是剥削中国一个国家，意味着极少数最富的国家享有垄断高额利润，所以，它们在经济上就有可能去收买

①《列宁全集》第26卷，北京：人民出版社，1988年，第365页。

②《列宁全集》第26卷，北京：人民出版社，1988年，第366页。

③《列宁全集》第27卷，北京：人民出版社，1990年，第327页。

④《列宁全集》第27卷，北京：人民出版社，1990年，第329页。

无产阶级的上层，从而培植、形成和巩固机会主义。”[①]“垄断，寡头统治，统治趋向代替了自由趋向，极少数最富强的国家剥削愈来愈多的弱小国家，——这一切产生了帝国主义的这样一些特点，这些特点使人必须说帝国主义是寄生的或腐朽的资本主义。”[②]显然，在上述这些地方，列宁在使用“少数”国家的概念时，都是用以指西方那些富强的、压迫和剥削弱小国家的帝国主义国家。

如果说《论欧洲联邦口号》和《帝国主义是资本主义的最高阶段（通俗的论述）》中列宁在使用“少数”国家的概念时赋予它的含义有偶然性和片面性，不足以反映他的思想，那么可以看看列宁在其他文章和讲话中是如何使用“少数”国家这一概念的。

1915年7月，列宁在起草的有关决议草案中提出：“整个世界正在融合为一个单一的经济机体，整个世界已被少数大国瓜分完毕。”[③]同年8月，他在《社会主义与战争》一文中指出：“帝国主义是少数‘大’国不断加紧压迫全世界各民族的时代，因此，不承认民族自决权，就不可能为反帝的国际社会主义革命而斗争。”[④]同年10月，他又在《革命的无产阶级和民族自决权》一文中指出：“帝国主义是极少数大国对世界各民族的愈来愈厉害的压迫，是极少数大

①《列宁全集》第27卷，北京：人民出版社，1990年，第416页。

②《列宁全集》第27卷，北京：人民出版社，1990年，第435—436页。

③《列宁全集》第26卷，北京：人民出版社，1988年，第294页。

④《列宁全集》第26卷，北京：人民出版社，1988年，第341页。

国之间为扩大和巩固对各民族的压迫而进行战争的时代”[①]在上述这些地方，列宁在使用“少数”国家的概念时，都是将其与西方的大国联系在一起的。在他的思想中，“少数”国家就是指西方的大国和强国，或者说有力量对弱小国家进行压迫的国家。

综上所述，列宁两段话语中关于社会主义可能首先在“少数”国家或者“几个”国家取得胜利，是指社会主义可能首先在西方先进的、最强的几个帝国主义国家取得胜利，或者说可能首先在英、法、德、美等几个国家取得胜利。由于这几个国家相对于全欧洲或者全世界的国家而言是少数，所以列宁用“少数”国家的概念来代指这些国家了。

研究到这里，列宁两段话语的意思就十分清楚了。列宁是说：从世界范围看，资本主义经济和政治发展不平衡，既有西方先进资本主义国家，又有其他地区比较落后和十分落后的国家，根据马克思主义关于只有资本主义充分发展的地方才能取得社会主义胜利的原理，社会主义革命将首先在西方“少数”先进的资本主义国家取得胜利。关于这一思想，列宁在《论面目全非的马克思主义和“帝国主义经济主义”》一文中有明确的论断。这就是笔者在本文前面援引过的：“社会变革不可能是所有国家的无产者的统一行动，理由很简单：地球上的大多数国家和大多数居民，直到今天甚至还没有达到或者刚刚开始达到资本主

①《列宁全集》第27卷，北京：人民出版社，1990年，第78—81页。

义的发展阶段。”“只有西欧和北美各先进国家才已成熟到可以实现社会主义的地步。”“不是所有国家的无产者，而是少数达到先进资本主义发展阶段的国家的无产者，将用统一行动实现社会主义。”

上述思想或理论正是马克思、恩格斯提出并一直坚持的。由此可见，不存在列宁于第一次世界大战期间（1915年）提出某个“新理论”从而极大地发展马克思主义理论的问题！

（三）关于“单独一个资本主义国家”

在上述列宁的两段话语中，还有“单独一个资本主义国家”获得胜利的字眼。长期以来，人们尤其重视这一字眼，因为在第一次世界大战期间，似乎出现了单独一个国家即俄国获得胜利的事实。与其说人们尤其重视“单独一个资本主义国家”获得胜利的字眼，不如说人们已经将这个所谓“一国或数国社会主义首先胜利”的理论归结为“一国社会主义首先胜利”的理论了。所以笔者不得不对这个字眼进行考察和研究，并提出以下管见：

1.假定列宁确实具有单独一个国家可以首先取得社会主义胜利的思想，那么他思想上可以首先胜利的“单独一个国家”应该是西方发达国家中的一个国家，绝不可能是俄国。从上述列宁的两段话语来看，“单独一个国家”的字眼与“少数”或者“几个”国家的字眼相关联，是对“少数”或者“几个”国家的进一层意思的表达。如他说，社会主义可能首先在少数国家甚至在单独一个国家取得胜利。在这里，“单独一个”国家胜利是对“少数”国家胜利的进一层意思的说明，它关联着“少数”国家胜利，或者说，这里的“单独一个”国家是“少数”国家之中的一个国家。又如列宁说，社会主义有可能在一个或者几个国家内获得胜利。在这里，“一个”与“几个”之间用“或者”相连接，这说明，可以首先取得胜利的“一个”国家与可以首先取得胜利的“几个”国家应该是同一类性质和相同发展水平的国家。这“几个”国家（或者少数国家）如果是西方最发达、最强大的国家如英、法、德、美的话，那么这里的“一个”国家只能是它们之中的一个国家。在列宁的这两段话语中，或者在列宁的这两篇文章中，不可能出现落后国家中的一个国家可以首先取得社会主义胜利的思想。

列宁是否定俄国可以立即直接取得社会主义胜利的可能性的。如前所述，列宁在论及资本主义发展的不平衡以及西方国家已经具备了进行社会主义革命的条件时说，俄国由于落后，需要完成民主革命的任务，即建立民主共和国，解决农民的土地问题，实行八小时工作制。1915年7月，他在《关于自己的政府在帝国主义战争中失败》一文中提出：“因为俄国是一个最落后的国家，在这里不可能直接发生社会主义革命。”[①]1917年3月，列宁在《给瑞士工人的告别信》中说：“俄国是一个农民国家，是欧洲最落后的国家之一。在这个国家里，社会主义不可能立刻直接取

①《列宁全集》第26卷，北京：人民出版社，1988年，第299页。

得胜利。”[①]如同笔者在本书第二章中提出的，列宁领导发动十月革命的战略意图，一是在于以俄国革命激发和推进西方社会主义革命，促进西方先于俄国走向社会主义胜利；二是在于使俄国革命过渡到社会主义革命的“准备阶段”，而不是在于让俄国立即直接开展社会主义革命。

如果人们提出以下结论，即列宁形成了西方发达国家中的一个国家可以首先取得社会主义胜利的理论，那么这个理论不仅没有什么值得赞扬和宣传的价值，而且会由于它没有得到世界历史的证实（即到目前为止西方发达国家中尚没有一个国家首先取得社会主义胜利）而大大减分和丢失光彩。再者，人们宣传列宁提出一国首先胜利的理论，意图在于论证俄国可以一国首先取得社会主义胜利。如果这个理论不能论证俄国一国可以首先取得社会主义胜利，那它存在的价值何在呢？

2. 列宁明确地说当时欧洲各国都已出现革命形势，而且各国人民的革命斗争紧密地联系在一起，任何国家的革命都不可能单独完成。第一次世界大战激化了各国的阶级矛盾，极大地推进了各国革命的形势。在欧洲各国，工人罢工、游行示威等形式的斗争不断高涨。列宁在1915年7月提出：“这场帝国主义战争正在开创一个社会革命的纪元。现时代的一切客观条件正在把无产阶级的群众革命斗争提到日程上来”[②]。他的这些话语是就整个欧洲而言的，

①《列宁全集》第29卷，北京：人民出版社，1985年，第90页。

②《列宁全集》第26卷，北京：人民出版社，1988年，第296页。

因为只有整个欧洲走向社会主义革命，才可以说开创了社会革命的新纪元。同年9月，他在《俄国的战败和革命危机》一文中指出：俄国面临的形势好像和1905年革命时期一样，沙皇政府使整个俄国投入战争，它在战争中失败，从而导致了国内的革命危机，即造成了革命的形势，“但是事实上有一个很大的差别，这就是当前的战争席卷了整个欧洲，席卷了有着广泛而强大的社会主义运动的所有先进国家。帝国主义战争把俄国的革命危机，即在资产阶级民主革命基础上发生的危机，同西欧日益增长的无产阶级社会主义革命的危机联系起来了。这种联系非常紧密，以致这个或那个国家的革命任务根本不可能单独解决”[①]。这里的意思一是说俄国出现了民主革命的形势，其他先进国家出现了无产阶级社会主义革命的形势；二是说俄国的革命形势以及欧洲各个国家的革命形势非常紧密地联系在了一起，意味着各个国家将在革命的进程中相互呼应、相互支持，任何一个国家都不可能单独地进行革命。1917年4月，列宁还指出：“从马克思主义的观点来看，在各资本主义国家彼此联系得很紧密的时候，谈帝国主义而只谈一国的情况是荒谬的。现在，在战争期间，这种联系大大地增强了。全人类卷入一团血污之中，要想单独脱身是不可能的。尽管各国发达程度不同，但这场战争已经把它们紧紧地联系在一起，以至于任何一个国家要想单独脱身都是不

①《列宁全集》第27卷，北京：人民出版社，1990年，第31—32页。

可能的和荒谬的。”[①]任何一个国家不可能单独脱身，指任何一个国家都不可能单独取得革命的胜利。这里论及的列宁的思想是同单独一个国家首先取得社会主义胜利的理论相悖的，它才是同这一时期列宁的整体思想是一致的和相呼应的。

3. 如果像联共（布）中央所认定的，所有国家同时取得社会主义胜利是不可能的，单独一个国家取得社会主义胜利是可能的——会议认为这是列宁提出的结论——则找不到什么理论来说明这一现象或者事实。根据马克思、恩格斯的设想，西方的一些先进国家或者所有的先进国家，可以先于落后地区的国家取得社会主义胜利。对这个现象或事实的理论论证是：取得社会主义胜利的条件是资本主义得到较充分的发展，西欧和北美的先进国家都已经达到了这个条件，它们可以一起走向社会主义胜利；但它无法论证西欧和北美的许多国家同时胜利是不可能的，一个国家单独胜利是可能的，而且列宁理论体系会因为这个“单独一个国家胜利”的“理论”而陷入矛盾之中。如列宁提出欧洲各国都出现了革命形势，他号召各国人民变帝国主义战争为国内革命战争，消灭帝国主义，夺取政权。假如他又说许多国家同时胜利是不可能的，单独一个国家胜利才是可能的，那么他号召各国人民进行革命与他说只有一个国家可以胜利怎样才能统一起来？西欧和北美的无产阶级会不会问列宁：你说只有一个国家可以取得胜利，那么

---

①《列宁全集》第29卷，北京：人民出版社，1985年，第351页。

除了这一个国家外，其他国家的无产阶级进行革命的意义何在?

关于上述问题，高放先生有一个新的解释。如同本文前面注文中所提及的，高放先生指出：第一次世界大战期间列宁的两篇文章提出了“一国胜利”的理论，可是关于这里的“一国”，“列宁这两篇文章没有明确指出这一国就是俄国，因为沙皇专制制度统治俄国近370年，俄国首先面临的是民主革命任务，民主革命胜利之后，才能进行社会主义革命。所以列宁没有直接讲俄国，但他心里想的一国首先胜利就是俄国”①。后学对高放先生的这一解释久思未得其解：其一，列宁“心中想到的是俄国”，作为一个学术观点或研究结论，需要有材料来证明，不可猜测或主观地断言；其二，列宁心中的这个想法相悖于先生在同一句话中指出的俄国革命首先需要完成民主革命的任务。若是列宁只想着俄国一国社会主义首先胜利，那么列宁的这个想法的科学性何在呢?！其三，先生的这句话使后学感到列宁似乎是一个心口不一的人，他心中想的是俄国一国首先社会主义胜利，可是口中不说出来，这不是一个像列宁这样正直的人应有的性格！

五、在俄国革命与欧洲革命的关系上列宁对马克思主义理论的重大发展

列宁在俄国革命与欧洲革命的关系上以新的理论发展

① 高放:《十月革命的十个问题》,《求索》2017年第5期。

了马克思主义，在于俄国革命后他鉴于西方没有发生大规模的无产阶级夺取政权的斗争而俄国爆发了十月革命并取得了胜利的事实，鉴于苏俄人民巩固苏维埃政权的艰难斗争及其成就，提出了落后的俄国开始革命“比较容易”、掌握政权后组织社会主义社会“比较困难”的理论，苏俄可以依靠自己的力量巩固政权并进行经济建设的理论，以及俄国社会发展途径的特殊性符合世界历史发展一般规律的理论。

（一）关于落后的俄国开始革命“比较容易”、夺取政权后组织社会主义社会“比较困难”的理论

十月革命胜利后，西方资产阶级力图扼杀新生的工农政权。国际社会主义者队伍中原信奉马克思主义的一些人如考茨基、普列汉诺夫等人也极力否定十月革命的必然性和必要性，否定苏维埃政权的合理性和合法性。另一方面，俄国无产阶级政党内一些思想“左”倾的人如布哈林等则要求加快苏俄走向社会主义社会的步伐，指望很快在苏俄建立起社会主义社会。在此背景下，列宁和俄共（布）必须进行理论创新，说明俄国革命的必然性以及苏维埃政权的伟大历史任务。

1918年1月，列宁在全俄工兵农代表苏维埃第三次代表大会上的报告中说：根据马克思、恩格斯以前的预见，无产阶级革命将由法国人开始，由德国人完成。[①]然而历史的走向不是这样。“现在我们看到的是国际社会主义力量的另一种结合。我们说，比较容易开始革命运动的，并不是

① 参见《列宁全集》第33卷，北京：人民出版社，1985年，第278页。

那些能够比较容易地进行掠夺和有力量收买本国工人上层分子的剥削国家。”[①]他的意思是，西欧那些先进国家依靠对国外财富的掠夺，收买了国内工人运动的领导人，使得它们那里盛行改良主义，难以发生革命运动。相反，落后的国家如俄国则不存在这样的问题，所以它容易发生革命。他还说：“现在的形势与马克思和恩格斯所预料的不同了，它把国际社会主义革命先锋队的光荣使命交给了我们——俄国的被剥削劳动阶级；我们现在清楚地看到革命的发展会多么远大；俄国人开始了，德国人、法国人、英国人将去完成，社会主义定将胜利。”[②]这是列宁对落后的俄国开始革命“比较容易”思想的具体而明确的阐述。1919年4月，列宁在《第三国际及其在历史上的地位》一文中就落后的俄国开始革命“比较容易”的思想进行了科学的论证。他提出，落后的俄国开始革命“比较容易”，有下列原因：其一，俄国由于政治上落后，人民没有和平、“合法”斗争的权利，只能进行暴力革命，由此“革命的冲击力量异常强大”；其二，俄国由于经济上落后，小农经济占优势，农民群众占人口多数，如果无产阶级能够获得农民的支持，则容易形成无产阶级革命与农民战争“结合起来”的态势，形成无比强大的力量，以推翻资产阶级政权和建立工农民主政权；其三，俄国由于落后，资产阶级革命到来的时间晚且进展曲折，这使得工农群众可以不断地总结

①《列宁全集》第33卷，北京：人民出版社，1985年，第279页。

②《列宁全集》第33卷，北京：人民出版社，1985年，第279页。

和吸收资产阶级革命进程中的经验教训。同时俄国人民还可以学习和借鉴西方工人运动的“最新成就”，在政治上不断成熟，形成夺取政权和掌握政权的能力，以利于争取革命的胜利；其四，在俄国，由于无产阶级同农民有密切的联盟关系，使得无产阶级掌握政权后容易团结和领导全体农民走社会主义道路，即容易将民主革命变为社会主义革命。[①]可以看出，在上述文章中，列宁从俄国的政治落后、经济落后以及无产阶级同农民的特殊关系等视角，阐述了落后的俄国发生革命“比较容易”的理论。这一理论符合俄国的历史实际，也反映了落后国家进行无产阶级革命的一般规律。

列宁在上述《第三国际及其在历史上的地位》一文中还指出：“与各先进国家相比，俄国人开始伟大的无产阶级革命是比较容易的，但是把它继续到获得最终胜利，即完全组织起社会主义社会，就比较困难了。”[②]可见，他明确地表达了俄国由于落后，无产阶级掌握政权后组织社会主义社会“比较困难”的思想。

关于这一思想的内容，列宁在领导苏俄经济建设、文化建设和政治建设的过程中，进行了以下阐述：其一，把个体农民经济改造为社会主义经济，是一项十分困难的任务。虽然上文论及俄国无产阶级同农民有密切联盟关系、容易将民主革命转变为社会主义革命——这是从两个阶级

---

① 参见《列宁全集》第36卷，北京：人民出版社，1985年，第294页。

②《列宁全集》第36卷，北京：人民出版社，1985年，第293—294页。

政治关系的角度看问题而提出的结论——但从经济上看，要把个体农民经济改造成社会主义经济，把小生产农业改造成社会主义大生产农业，则是无比困难的任务。1918年12月，列宁在有关会议上的讲话中说："我们深深知道，由个体小农经济过渡到共耕制（共同占有和集体劳动的农业生产制度——笔者注），是千百万人生活中一场触及生活方式最深处的大变革，只有经过长期的努力才能完成，只有到人们非改变自己生活不可的时候才能实现。"[①]"我们深深知道，在小农经济的国家中，不经过一系列渐进的预备阶段，要过渡到社会主义是不可能的。"[②]这里他说不经过长期的努力、不经过渐进的预备阶段，不能够完成这一任务，足见他认识到完成这一任务的艰难程度。其二，俄国由于生产力水平低，不能"直接过渡"到社会主义制度，必须利用资本主义和国家资本主义作为小生产与社会主义之间的"中间环节"，由此看，它的过渡过程是一个曲折和漫长的过程。此问题与上述问题密切相关。当时的俄国，无论是农业还是工业，生产力水平均十分低下，社会主义制度不能直接建立在此基础上，需要找到小生产与社会主义之间的"中间环节"。在列宁的思想中，"中间环节"的内容就是资本主义、国家资本主义和商品交换。1921年春，列宁在《论粮食税》一文中写道："在最近这几年，必须善于考虑那些便于从宗法制度、从小生产过渡到社会主

①《列宁全集》第35卷，北京：人民出版社，1985年，第353页。

②《列宁全集》第35卷，北京：人民出版社，1985年，第352页。

义的中间环节。”[①]“既然我们还不能实现从小生产到社会主义的直接过渡，所以作为小生产和交换的自发产物的资本主义，在一定程度上是不可避免的，所以我们应该利用资本主义（特别是要把它纳入国家资本主义的轨道）作为小生产和社会主义之间的中间环节，作为提高生产力的手段、途径、方法和方式。”[②]无产阶级进行革命的本来目的是要消灭资本主义和商品交换，可是苏俄无产阶级政权不得不选择它作为“中间环节”，这是一种艰难的、无奈的选择。列宁意识到苏俄前进道路上将有重重困难。

列宁关于俄国无产阶级掌握政权后组织社会主义社会“比较困难”的思想，其内容还包括俄国由于工农群众整体的思想政治素质偏低，建设无产阶级民主制度比较困难；由于社会物质条件差和文化基础差，推进文化建设事业十分困难；等等。列宁向党和人民指出这些困难，在于使党和人民对于苏俄向社会主义过渡的长期性、艰难性和曲折性有充分的思想准备。

（二）关于苏俄可以依靠自己的力量巩固政权并进行经济建设的理论

在十月革命时期和国内战争时期，列宁持马克思主义世界革命的理论。特别是在苏维埃政权面临被敌人颠覆的危险时，列宁急切盼望欧美各先进国家爆发无产阶级革命，推翻资产阶级政府，免除苏维埃政权的危险。如1918

---

①《列宁全集》第41卷，北京：人民出版社，1986年，第217页。

②《列宁全集》第41卷，北京：人民出版社，1986年，第217页。

年3月，列宁在有关会议上说："俄国革命最大的困难，最大的历史课题就是：必须解决国际任务，必须唤起国际革命，必须从我们仅仅一国的革命转变成世界革命。"[①]可是，列宁盼望的世界革命没有实现。

到1920年11月，苏俄人民依靠自己的力量，赢得了国内战争的胜利。列宁在有关会议上总结革命的经验时说："那时（十月革命时——笔者注）我们知道，只有我们的事业在全世界取得胜利，我们的胜利才会巩固，因为我们在开始我们的事业时，就把全部希望都寄托在世界革命上。"[②]他还说："三年前当我们提出关于俄国无产阶级革命的任务及其胜利的条件的问题时，我们总是明确地说：没有西欧无产阶级革命的支持，这个胜利就不可能巩固；只有从国际的观点出发才能正确估价我们的革命。为了取得巩固的胜利，我们必须使无产阶级革命在一切国家或者至少在几个主要的资本主义国家取得胜利。"[③]以上论断证明，列宁承认自己此前一直持世界革命的主张，盼望俄国革命得到欧美先进国家无产阶级革命的支持。

苏俄国内战争胜利的事实，而且苏俄人民是以自己的力量赢得了这场战争的胜利，或者说苏俄人民以自己的力量巩固了苏维埃政权，促使列宁的思想发生了变化。当时他在有关会议上的报告中说："我们谁也没有想到，俄国抗击世界资本主义列强这样一场力量悬殊的斗争竟能延续三

---

①《列宁全集》第34卷，北京：人民出版社，1985年，第6页。

②《列宁全集》第40卷，北京：人民出版社，1986年，第1—2页。

③《列宁全集》第40卷，北京：人民出版社，1986年，第22页。

年之久。结果，无论这一方还是那一方，无论俄罗斯苏维埃共和国还是整个资本主义世界都没有获得胜利，也没有遭到失败。”[①]这就说明，“即使全世界的社会主义革命推迟爆发，无产阶级政权和苏维埃共和国也能够存在下去”[②]。这说明列宁意识到，即便没有世界革命，即便俄国革命得不到欧美先进国家革命的支持，苏维埃政权也能够得以巩固，即它能够在资本主义国家的包围之中存在下去。

苏维埃政权作为无产阶级的政治工具，其任务之一是组织经济建设。苏俄人民可以依靠自己的力量巩固苏维埃，证明他们可以利用这个政治工具展开苏维埃国家的经济建设。列宁意识到了这一点，他在有关会议上讲到国际形势和俄国无产阶级的任务时说：“只要总的看一下我们所处的国际形势，就会发现：我们已经取得了巨大的成就；我们不仅有了喘息时机，而且得到了某种更为重要的东西。”[③]“现在我们要谈的已经不只是喘息时机，而是比较长期地进行新建设的重要机会。”[④]这里他说苏俄人民得到了“更为重要的东西”，得到了“进行新建设的重要机会”，是指苏俄人民得到了进行苏维埃国家经济建设的条件和机会。在他的思想中，在欧美先进国家没有爆发无产阶级革命的情况下，苏俄无产阶级已经先于它们得到了进行苏维埃国家经济建设的条件和机会。他还说，为了战胜资

①《列宁全集》第40卷，北京：人民出版社，1986年，第22页。
②《列宁全集》第40卷，北京：人民出版社，1986年，第22页。
③《列宁全集》第40卷，北京：人民出版社，1986年，第23页。
④《列宁全集》第40卷，北京：人民出版社，1986年，第24页。

本主义，一是要用革命力量推翻剥削者的统治，坚决捍卫无产阶级的新政权，二是要“担负起建设任务，就是建立新的经济关系，树立怎样做这件事情的榜样”[①]。“现在我们应当采用组织、建设的办法，来代替用革命方式推翻剥削者和抗击暴力者的办法，我们应当向全世界显示和证明，我们不仅是一种能够抵抗军事扼杀的力量，而且是一种能够树立榜样的力量。”[②]在这里，列宁提出“建立新的经济关系”，意思是指建立苏维埃国家新的经济制度；他说俄国无产阶级应当为全世界“树立榜样”，是指俄国无产阶级先于西方进行新的经济建设，因而能够树立怎样进行新经济建设的榜样。需要指出的是，笔者这里要表达的观点是：列宁形成和提出了苏俄人民建设苏维埃国家新经济制度的思想。这里的“建设苏维埃国家新经济制度”不同于建设社会主义经济制度。如同本文前面所论及的，在马克思、恩格斯和列宁的思想中，社会主义经济制度指全社会占有生产资料、没有商品生产和货币交换的制度。列宁当时提出建设新的经济制度，不可能是这样的经济制度，只能是苏维埃国家的经济制度，或者说是过渡时期的经济制度。另外，这种经济制度也不同于资本主义经济制度，所以应该称其为新经济制度。

综上所述，列宁由世界革命的思想转变为苏俄可以依靠自己的力量巩固苏维埃政权的思想，转变为苏俄人民能

①《列宁全集》第40卷，北京：人民出版社，1986年，第28页。

②《列宁全集》第40卷，北京：人民出版社，1986年，第28—29页。

够依靠自己的力量建设苏维埃国家新经济制度的思想，并加以实践，推进了马克思主义的发展。

（三）关于俄国社会发展途径的特殊性符合世界历史发展一般规律的理论

俄国的孟什维克一直坚持一个教条，即俄国的生产力和经济条件尚没有达到可以实现社会主义的地步，不应该发动无产阶级夺取政权的革命，更不应该展开社会主义建设。1923年初，列宁看到孟什维克的尼·苏汉诺夫出版的书籍仍在继续宣扬这种观点，于是口授了《论我国革命》一文，批判了孟什维克的观点，并且阐述了俄国社会发展途径的特殊性符合世界历史发展一般规律的理论。

列宁在此文中说："世界历史发展的一般规律，不仅丝毫不排斥个别发展阶段在发展的形式或顺序上表现出特殊性，反而是以此为前提的。"[①]这里所谓"世界历史发展的一般规律"，指生产力决定生产关系的规律。这个规律表明，只有生产力得到较充分的发展，形成了社会化的机器大生产，并且它的进一步发展受到资本主义生产关系的严重束缚，使社会生产过程陷入不可化解的危机之中，才可以发生以社会主义生产关系取代资本主义生产关系的革命。简言之，这个规律指只有资本主义经济得到较充分发展的地方才可以进行无产阶级社会主义革命。这个规律是马克思、恩格斯的理论所揭示出来的，它无疑是正确的和科学的。

---

①《列宁全集》第43卷，北京：人民出版社，1987年，第370页。

可是，马克思主义指明，矛盾的普遍性不排斥矛盾的特殊性。列宁正是从这个意义上说，历史发展的一般规律不排斥“个别发展阶段在发展的形式或顺序上表现出特殊性”。这里所谓“个别发展阶段”的特殊性，指俄国社会发展途径的特殊性。它的含义是：俄国的生产力水平确实不高，进行社会主义革命的条件确实不足。但是，无产阶级可以先夺取政权，然后利用手中的政权发展生产力，发展经济，待生产力水平大大提高了，经济条件大大改善了，再建立起社会主义制度。也就是说，它在无产阶级掌握政权的前提下，满足进行社会主义革命需要较高生产力水平的要求。这怎么不可以呢？这同世界历史发展的一般规律有什么不相符合的呢？关于这个问题，列宁提出：“既然建立社会主义需要有一定的文化水平……我们为什么不能首先用革命手段取得达到这个一定水平的前提（“前提”即建立工农政权——笔者注），然后在工农政权和苏维埃制度的基础上赶上别国人民呢？”[①]在列宁的思想中，俄国的发展途径是先由工农掌握政权，在工农政权的组织和安排下发展生产力，满足建立社会主义需要较高生产力水平的要求。它是不同于西方社会发展途径的特殊途径，但是它同西方的发展途径是相符合的和不排斥的。

至于俄国为何会走一条特殊的社会发展途径，列宁作出了这样的解释：“这是和第一次帝国主义世界大战相联系的革命。这样的革命势必表现出一些新的特征，或者说正

---

①《列宁全集》第43卷，北京：人民出版社，1987年，第371页。

是由于战争而有所改变的一些特征，因为世界上还从来没有过在这种情况下发生的这样的战争。”[①]这一论断所阐述的是俄国夺取政权的革命的特殊性。在他看来，由于爆发第一次世界大战，并且俄国陷入战争之中，社会矛盾和阶级矛盾空前激化，工人运动不断高涨，农民斗争蓬勃兴起，形成了工人革命与农民战争相结合的态势。在这种形势下，无产阶级政党不能畏首畏尾，不能只讲究生产力水平够不够高和经济条件够不够好。他们唯一正确的选择是领导工农群众举行革命，夺取政权。法国皇帝拿破仑有一句名言：首先要投入真正的战斗，然而便见分晓！意思是说，只有敢于战斗，争先投入战斗之中，才有战斗的胜利。列宁十分欣赏这一话语。他说，1917年10月我们也是首先投入了真正的战斗，所以才有此后一系列事业的成就。孟什维克和西方社会民主党人对此是不理解的。列宁批评说，庸人们做梦也不会想到，不这样做就没有革命。如果说俄国革命有特殊性的话，那么以后革命继续向东方国家转移，在那些更为落后、情况更为复杂的国家里，未来的革命将会有更多的特殊性。

列宁关于俄国社会发展途径的特殊性符合世界历史发展一般规律的理论，以及俄国夺取政权的革命有其特殊性的思想，丰富和发展了马克思主义。

①《列宁全集》第43卷，北京：人民出版社，1987年，第370页。

第 二 章

关于列宁的十月革命战略思想*

* 此标题下的内容是2017年度国家社会科学基金一般项目“列宁十月革命战略思想及其进程中的两次重要转变研究”(项目编号:17BKS007)的阶段性成果。阅读此文,可参阅俞良早:《列宁“一国首先胜利”论形成的时间和基本内容辨析》,《湖北大学学报》(哲学社会科学版)1987年第3期;俞良早:《评二十年代联共(布)对列宁“一国首先胜利”论的误解》,《苏联东欧问题》1988年第6期;俞良早:《关于斯大林“一国能够建成社会主义”理论的探讨》,《湖北大学学报》(哲学社会科学版)1990年第3期;俞良早:《就列宁的“一国首先胜利”论答李心华同志》,《苏联东欧问题》1990年第3期;俞良早:《论列宁的“一国建设社会主义”的学说》,《社会科学研究》1992年第2期;俞良早:《十月革命与列宁战略思想的两次转变——纪念十月革命八十周年》,《东欧中亚研究》1997年第5期;俞良早:《“从革命的第一阶段向革命的第二阶段过渡”——论列宁的〈四月提纲〉及其有关著作的思想》,《社会科学研究》1997年第6期;俞良早:《社会主义思想史上一个疑案的解析——研究列宁的〈论欧洲联邦口号〉》,《社会主义研究》1998年第6期;俞良早:《对社会主义史上一个疑案的再解析——研究列宁的〈无产阶级革命的军事纲领〉》,《当代世界与社会主义》2000年第2期;等等。笔者从发表第一篇文章到目前已经有30余年,由于认识不断深化,也许在有些问题上目前的看法与以前不完全相同。如有此种情况,当以目前的看法为准。

工兵代表苏维埃取得政权不是为了建立通常的资产阶级共和国，或直接向社会主义过渡。这是不行的。但究竟是为了什么呢？苏维埃取得政权是为了实行向社会主义过渡的初步的和具体的步骤，这些步骤可以实现，而且应当实现。

——列宁：《关于目前形势的报告》，1917年4月

1917年爆发的俄国十月革命，是世界现代史上一个重大的政治事件，是世界社会主义史上一场影响深远的革命。从它发生以来，世界政坛和学术界对它的认识众说纷纭，甚至观点迥异。在纪念伟大的革命导师列宁诞辰150周年之际，笔者撰写此文，就列宁发动这场革命的战略思想和战略意图提出管见，以期人们能够形成对它的正确认识和理解。

一、关于“社会主义革命”的概念

十月革命爆发后，由苏俄以及苏联形成的传统观点认为它是一场社会主义革命，而且这种观点深深地影响着当代中国的主流学术界，即在当代中国主流学术界，也认为它是一场社会主义革命。十月革命究竟是不是社会主义革命？我们必须从“社会主义革命”的概念说起。

笔者认为，所谓社会主义革命，即以消灭资本主义私有制和建立全社会占有生产资料的公有制为目标的革命。或者说，无产阶级夺取政权、消灭资本主义制度、建立社会主义制度的整个过程的革命，是社会主义革命。如果仅仅是无产阶级夺取政权和掌握政权的行动，没有消灭私有制和建立公有制的内容，这样的过程不是社会主义革命。

《辞海》这样阐述“社会主义革命”的条目：“无产阶级（经过共产党）领导劳动人民，推翻资产阶级统治和资本主义制度，建立无产阶级专政和社会主义制度的革命……它不是在新的生产方式已经具备时发生的，夺取政权不是革命的结束，而是要以政权作为杠杆去改造旧的经济制度和建立新的社会主义经济制度，夺取政权只是革命的开始……无产阶级夺取政权后，要镇压阶级敌人的反抗，对生产资料私有制进行社会主义改造，建立和发展社会主义公有制，解放和发展社会生产力；消灭剥削阶级及其政治思想影响，完善社会主义的生产关系和上层建筑，健全社会主义民主和法制，大力推进社会主义物质文明和精神文明的建设。"[①]《辞海》强调，无产阶级夺取政权只是革命的开始，夺取政权后要镇压阶级敌人的反抗，对生产资料私有制进行社会主义改造，建立和发展社会主义公有制。这个解释同笔者的认识是一致的。

如果《辞海》对社会主义革命的解释不够权威，下面再看看马克思、恩格斯是如何说明什么是社会主义革命的。1847年恩格斯在《共产主义原理》中，在论及社会主义革命问题时提出："这个革命的发展过程将是怎样的？"他自己回答说："首先无产阶级革命将建立民主的国家制度，从而直接或间接地建立无产阶级的政治统治。"[②]接着他说："如果不立即利用民主作为手段实行进一步的、直接侵犯私有制和保障无产阶级生存的各种措施，那么，这种民主对于无产阶级就毫无用处。"[③]接下来，恩格斯提出了十二项经济社会变革措施，并说："自然，所有这一切措施不能一下子都实行起来，但是它们将一个跟着一个实行，只要向私有制一发起猛烈的进攻，无产阶级就要被迫继续

---

①《辞海》下册，上海：上海辞书出版社，1989年，第4145页。

②《马克思恩格斯选集》第1卷，北京：人民出版社，1995年，第239页。

③《马克思恩格斯选集》第1卷，北京：人民出版社，1995年，第239—240页。

向前迈进，把全部资本、全部农业、全部工业、全部运输业和全部交换都越来越多地集中在国家手里。”[①]恩格斯这里强调，无产阶级在建立了自己的政治统治即自己的国家制度以后，要侵犯私有制，对私有制发起猛烈的进攻，把全部资本、全部农业、全部工业、全部运输业和全部交换都集中在国家手里。笔者的认识是符合恩格斯这个思想的。1848年欧洲革命后，马克思在《1848年至1850年的法兰西阶级斗争》中提出：“这种社会主义就是宣布不断革命，就是无产阶级的阶级专政，这种专政是达到消灭一切阶级差别，达到消灭这些差别所由产生的一切生产关系，达到消灭和这些生产关系相适应的一切社会关系，达到改变由这些社会关系产生出来的一切观念的必然的过渡阶段。”[②]这里，马克思是将无产阶级进行革命、建立无产阶级专政同消灭旧的生产关系、社会关系以及旧的观念作为社会主义革命的整个过程看待的。笔者对什么是社会主义革命的认识符合马克思的这个思想。

需要指出的是，无产阶级夺取政权和掌握政权的行动不等于消灭私有制和建立公有制的行动，也不表示这个行动的开始，所以不等于开始了社会主义革命。例如，1871年的巴黎公社革命就不是社会主义革命。通过研究马克思、恩格斯关于巴黎公社性质的论述，可以看出他们关于巴黎公社革命性质的思想。关于巴黎公社的性质，马克思

---

①《马克思恩格斯选集》第1卷，北京：人民出版社，1995年，第240—241页。

②《马克思恩格斯选集》第1卷，北京：人民出版社，1995年，第462页。

最经典的评价是："公社的真正秘密就在于：它实质上是工人阶级的政府，是生产者阶级同占有者阶级斗争的产物，是终于发现的可以使劳动在经济上获得解放的政治形式。"[1]恩格斯最重要的论断是："近来，社会民主党的庸人又是一听到无产阶级专政这个词就吓出一身冷汗。好吧，先生们，你们想知道无产阶级专政是什么样子吗？请看巴黎公社。这就是无产阶级专政。"[2]显然，在马克思的思想中，巴黎公社革命是建立"工人阶级的政府"或工人阶级的一种"政治形式"的尝试。在恩格斯的思想中，巴黎公社革命是建立"无产阶级专政"的尝试。他们都没有说过巴黎公社革命是社会主义革命或者社会主义革命的尝试。在巴黎公社革命过程中，没有展开消灭私有制和建立公有制的行动。它所采取的有益的经济措施是使企业主已经逃离巴黎的企业恢复生产，临时交由该企业工人管理；禁止面包企业的工人上夜班。由于巴黎公社革命不具有社会主义革命的性质，所以马克思、恩格斯称其为"革命""法兰西内战"。他们从未将其称为社会主义革命。列宁则十分明确地说过，巴黎公社革命不是社会主义革命。如1917年他指出：在有的人看来，"似乎巴黎公社想'立刻'实施社会主义。实际上不是这样。可惜的是公社迟迟没有实施社会主义。公社的真实本质……在于它创立了一种特殊的国家类型。这样的国家在俄国已经诞生，这就是工兵代表苏维

①《马克思恩格斯选集》第3卷，北京：人民出版社，1995年，第58—59页。

②《马克思恩格斯选集》第3卷，北京：人民出版社，1995年，第13—14页。

埃!”①

以中国的历史事实为例。1931年在江西瑞金建立的中央工农民主政府标志着中国无产阶级夺取了政权和建立了新政权，但这不是中国的社会主义革命或者社会主义革命的开始。1949年中华人民共和国成立，标志着中国无产阶级最终夺取了政权和建立了新政权，但这也不是中国的社会主义革命或社会主义革命的开始。中国的社会主义革命开始于1952年下半年。当时中共中央公布了党的过渡时期总路线，要求逐步实现社会主义工业化，逐步实现对农业、手工业和资本主义工商业的社会主义改造，从此中国开始了社会主义革命或社会主义改造的进程。

二、1917年列宁不主张在俄国立即直接进行社会主义革命

（一）马克思、恩格斯晚年关于世界革命进程的理论

列宁关于俄国革命的战略思想来源于马克思、恩格斯晚年关于世界革命进程的思想。所以这里先讨论马克思、恩格斯晚年关于世界革命进程的思想，是十分必要的。

19世纪80年代以后，马克思、恩格斯在《〈共产党宣言〉1882年俄文版序言》《给维·伊·查苏利奇的复信（初稿）》《〈论俄国的社会问题〉跋》等著作和信件中，提出了关于世界革命进程的设想。他们的设想有四个步骤：

第一步：俄国资产阶级民主革命爆发，并且巨大的影

①《列宁全集》第29卷，北京：人民出版社，1985年，第147页。

响和推动力，足以使西欧和北美爆发社会主义革命。

第二步：西欧和北美各国发生社会主义革命并且取得胜利，建成社会主义制度，从而为俄国人民树立建设社会主义的榜样。

第三步：俄国在“西方社会主义”的帮助下，将革命转变为社会主义革命，并且建成社会主义。

第四步：东方其他经济文化落后的国家在“西方社会主义”的影响和帮助下，走向社会主义胜利。

上述四个步骤的理论，既是他们关于世界革命进程的理论，又可以说是关于俄国革命与西方革命关系的理论。这一理论的特点是将俄国的民主革命和西方的社会主义革命紧密地联系在一起，视为同一个过程的革命。它的核心内容：一是认为未来俄国的民主革命将推动西方的社会主义革命，二是认为西方各国将先于俄国走向社会主义的胜利，三是认为俄国和东方其他落后国家将在“西方社会主义”的影响和帮助下走向社会主义社会。

关于俄国民主革命对西方社会主义革命的促进和推动作用，马克思、恩格斯在《〈共产党宣言〉1882年俄文版序言》中写道：“假如俄国革命将成为西方无产阶级革命的信号而双方互相补充的话，那么现今的俄国土地公有制便能成为共产主义发展的起点。”①这里所谓俄国革命将是西方革命的“信号”，强调的是俄国革命对西方革命的促进作用。恩格斯晚年在有关文章中说，一旦俄国革命爆发，将

①《马克思恩格斯选集》第1卷，北京：人民出版社，1995年，第251页。

对西方产生重大的影响，增强西方无产阶级胜利的信心，推动西方社会主义革命的发生，所以，“整个西欧，特别是西欧的工人政党，关心着，深切地关心着俄国革命政党的胜利和沙皇专制制度的崩溃”[①]。恩格斯还说：“一旦沙皇政权这个全欧洲反动势力的最后的坚固堡垒垮台，整个欧洲的风向就会完全改变。”[②]“而这样一来，西方就有可能不受外来干扰地、一心一意地致力于自己当前的历史任务：解决无产阶级和资产阶级之间的冲突和把资本主义社会改造为社会主义社会。”[③]这些论断强调的是俄国革命对西方革命的影响和促进作用。

关于俄国和东方其他落后国家将在“西方社会主义”的影响和帮助下走向社会主义社会，恩格斯在《〈论俄国的社会问题〉跋》中写道：“不仅可能而且无庸置疑的是，当西欧各国人民的无产阶级取得胜利和生产资料转归公有之后，那些刚刚进入资本主义生产而仍然保全了氏族制度或氏族制度残余的国家，可以利用公有制的残余和与之相适应的人民风尚作为强大的手段，来大大缩短自己向社会主义社会发展的过程，并避免我们在西欧开辟道路时所不得不经历的大部分苦难和斗争。”[④]恩格斯特别强调：“但这方面必不可少的条件是：目前还是资本主义的西方作出榜样和积极支持。只有当资本主义经济在自己故乡和在它兴

---

①《马克思恩格斯文集》第4卷，北京：人民出版社，2009年，第394页。

②《马克思恩格斯文集》第4卷，北京：人民出版社，2009年，第393页。

③《马克思恩格斯文集》第4卷，北京：人民出版社，2009年，第392页。

④《马克思恩格斯选集》第4卷，北京：人民出版社，1995年，第443页。

盛的国家里被克服的时候，只有当落后国家从这个榜样上看到'这是怎么回事'，看到怎样把现代工业的生产力作为社会财产来为整个社会服务的时候——只有到那个时候，这些落后的国家才能开始这种缩短的发展过程。"[①]"这不仅适用于俄国，而且适用于处在资本主义以前的阶段的一切国家。"[②]上述论断的意思是，西方各国消灭了资本主义制度和建立了社会主义制度后，俄国以及东方其他落后国家的人民将可看到西方社会主义的榜样，并且可以得到西方社会主义的支持和帮助，从而能够大大缩短国内资本主义发展的过程，建立起社会主义制度。这些论断足以证明马克思、恩格斯关于西方社会主义对落后国家人民榜样的作用以及落后国家人民在西方社会主义的支持和帮助下走向社会主义社会的思想。

（二）1917年以及革命胜利后一段时间列宁坚持上述马克思、恩格斯"四个步骤"的理论

1917年3月，列宁从西方回国前夕，在《给瑞士工人的告别信》中阐述了俄国革命是全欧洲革命"序幕"的思想。在此前的很长一段时间，列宁流亡于瑞士，在那里从事理论研究和进行无产阶级革命的宣传和准备工作。俄国二月革命发生后，他和他的同志们迫切希望回国参与革命。在动身回国前夕，他撰写《给瑞士工人的告别信》，阐明了自己关于俄国革命的战略思想和战略意图。他提出：

①《马克思恩格斯选集》第4卷，北京：人民出版社，1995年，第443页。

②《马克思恩格斯选集》第4卷，北京：人民出版社，1995年，第443页。

“俄国是一个农民国家，是欧洲最落后的国家之一。在这个国家里，社会主义不可能立刻直接取得胜利。但是，……俄国这个国家的农民性质能够使俄国资产阶级民主革命具有巨大的规模，并使我国革命变成全世界社会主义革命的序幕，变成进到全世界社会主义革命的一级阶梯。”[①]这里他说，俄国革命是全世界社会主义革命的“序幕”，是进到全世界社会主义革命的“一级阶梯”，同马克思、恩格斯关于俄国革命是西方革命的“信号”、对西方革命具有促进和推动作用的思想是一致的。他在此信中还说：“俄国无产阶级单靠自己的力量是不能胜利地完成社会主义革命的。但它能使俄国革命具有浩大的声势，从而为社会主义革命创造极好的条件，这在某种意义上说就意味着社会主义革命的开始。这样，俄国无产阶级就会使自己主要的、最忠实的、最可靠的战友——欧洲和美洲的社会主义无产阶级易于进入决战。”[②]这里他强调下一步的俄国革命将具有浩大的声势，为社会主义革命创造极好的条件，从而能够开始社会主义革命，指由于俄国革命的推动作用，全世界社会主义革命将得以展开，欧洲和美洲的无产阶级将能够起来同资本主义进行“决战”。这个思想也是以俄国革命推动西方革命及世界革命的思想，或者说以俄国人民的斗争推动西方无产阶级斗争的思想。这个思想与上述马克思、恩格斯“四个步骤”的思想也是一致的。

---

①《列宁全集》第29卷，北京：人民出版社，1985年，第90页。

②《列宁全集》第29卷，北京：人民出版社，1985年，第91页。

这以后，在十月革命时期以至苏俄国内战争时期，列宁一直坚持上述理论。

1917年11月7日即武装起义刚刚胜利时，列宁在有关会议上说：“现在我们已学会了齐心协力地工作。刚刚发生的革命就证实了这一点。我们拥有群众组织的力量，它定能战胜一切，并把无产阶级引向世界革命。”[①]“在意大利、英国和德国已经逐渐展开的世界工人运动一定会在这方面帮助我们。”[②]这里，他表示俄国无产阶级一定会将革命“引向世界革命”，认为意大利、英国、德国的无产阶级会响应并帮助俄国无产阶级的斗争，充分证明他是将俄国革命同西方革命以及世界革命紧密地联系在一起的。

1918年3月，苏俄面临着德帝国主义的军事攻击，新生的苏维埃政权面临着被颠覆的危险。列宁在有关会议上说：“俄国革命最大的困难，最大的历史课题就是：必须解决国际任务，必须唤起国际革命，必须从我们仅仅一国的革命转变成世界革命。”[③]可以看出，在此时列宁的思想中，唤起国际革命和解决国际任务十分紧迫地提到了俄国无产阶级面前，因为它对于巩固苏维埃政权至关重要。

同年4月23日，列宁在有关会议上的讲话中指出：“我再说一遍，现在，我国革命生活中最困难最艰苦的时期已经到来了。我们面临的任务是坚定不移地竭尽一切力量去进行新的创造性的工作，因为只有钢铁般的坚韧精神和劳

---

①《列宁全集》第33卷，北京：人民出版社，1985年，第3页。

②《列宁全集》第33卷，北京：人民出版社，1985年，第2页。

③《列宁全集》第34卷，北京：人民出版社，1985年，第6页。

动纪律，才能帮助在自己宏伟的革命工作中暂时还孤立无援的俄国无产阶级等待解救时刻的到来，等待国际无产阶级来援助我们。”[①]这里列宁确认俄国无产阶级暂时处于孤立无援的状态，确认它正处于“等待解救”的时刻，即等待着国际无产阶级来援助和解救它。他还指出：“我们的落后使我们走在了前面，而如果不能坚持到其他各国工人起来大力支援我们，我们就会灭亡。”[②]这个思想是将俄国革命的命运同其他各国革命的命运联系在一起的思想，是世界革命的思想。

同年11月7日，列宁在马克思、恩格斯纪念碑揭幕典礼上的讲话中说：“我们大家都看到，在许多国家里已经显露出国际无产阶级社会主义革命的曙光。”[③]“愿一个个马克思恩格斯纪念碑都来提醒千百万工人和农民：我们在斗争中不是孤立的。更先进的国家的工人正挺身奋起同我们并肩奋斗。在我们和他们面前还有艰苦的战斗。通过共同的斗争，我们一定会粉碎资本的压迫，最终赢得社会主义！”[④]这里他说已经看到其他各国工人正在奋起斗争，国际无产阶级社会主义革命的曙光已经显露出来，俄国无产阶级将同他们共同斗争，走向社会主义胜利。这无疑是世界革命的思想。同一天，他在十月革命烈士纪念碑揭幕典礼上的讲话中还说：“现在，各国工人的怒潮汹涌澎湃，许

---

①《列宁全集》第34卷，北京：人民出版社，1985年，第219页。

②《列宁全集》第34卷，北京：人民出版社，1985年，第219页。

③《列宁全集》第35卷，北京：人民出版社，1985年，第164页。

④《列宁全集》第35卷，北京：人民出版社，1985年，第165页。

多国家都在掀起工人的社会主义革命。”[①]“让我们在纪念十月革命烈士的时候在他们的纪念碑前宣誓：我们要踏着他们的足迹前进，学习他们的大无畏精神和英雄主义。要把他们的口号变成我们的口号，变成全世界起义工人的口号。这个口号就是：‘不胜利，毋宁死。’”[②]这里他说各国工人的革命斗争汹涌澎湃，要把革命烈士的口号变成全世界起义工人的口号，证明他相信各国工人正在起义过程中，世界革命一定会到来。

1920年11月，苏俄人民已经赶走了外国武装干涉者，平息了国内的反革命叛乱，取得了国内战争的伟大胜利。列宁在有关会议上总结革命的经验时说：“那时（十月革命时——笔者注）我们知道，只有我们的事业在全世界取得胜利，我们的胜利才会巩固，因为我们在开始我们的事业时，就把全部希望都寄托在世界革命上。”[③]还说：“三年前当我们提出关于俄国无产阶级革命的任务及其胜利的条件的问题时，我们总是明确地说：没有西欧无产阶级革命的支持，这个胜利就不可能巩固；只有从国际的观点出发才能正确估价我们的革命。为了取得巩固的胜利，我们必须使无产阶级革命在一切国家或者至少在几个主要的资本主义国家取得胜利。”[④]“孟什维克说我们想单独地战胜世界资产阶级。然而我们一贯说，我们只是世界革命链条上的

①《列宁全集》第35卷，北京：人民出版社，1985年，第166页。

②《列宁全集》第35卷，北京：人民出版社，1985年，第166—167页。

③《列宁全集》第40卷，北京：人民出版社，1986年，第1—2页。

④《列宁全集》第40卷，北京：人民出版社，1986年，第22页。

一环，从来没有给自己提出只靠自己的力量去夺取胜利的任务。”[①]1920年11月列宁的这些话语，是列宁对十月革命以来他本人关于俄国革命与西方革命关系的思想认识的历史性总结。它表明，从1917年到1920年底，列宁把革命胜利的希望都“寄托在世界革命上”，认为必须使无产阶级革命“在一切国家或者至少在几个主要的资本主义国家取得胜利”，认为俄国无产阶级从来没有给自己提出“只靠自己的力量去夺取胜利的任务”。这证明，列宁是把俄国革命同西方革命作为同一个过程的革命看待的，是以西方社会主义胜利为俄国革命胜利之前提的。他的思想同马克思、恩格斯关于世界革命进程的理论是相同的。

（三）《四月提纲》未提出使俄国革命转变为社会主义革命的方针

1917年4月3日，列宁从西方回到俄国。4日他先后出席两个重要的会议，在会议上宣读了一个重要的提纲。7日，《真理报》发表了该提纲，这就是所谓的《四月提纲》。在此提纲中，他提出了俄国无产阶级在下一阶段革命中的任务。所以，正确地认识和理解《四月提纲》的精神，是正确地认识和掌握列宁关于下一阶段的革命即十月革命的战略思想的钥匙。

长期以来的传统观点认为，《四月提纲》提出了使俄国革命转变为社会主义革命的方针。如1938年出版的《联共（布）党史简明教程》指出：“列宁的四月提纲向党提出了

①《列宁全集》第40卷，北京：人民出版社，1986年，第42页。

一个争取资产阶级民主革命过渡到社会主义革命、从革命的第一阶段过渡到第二阶段即社会主义革命阶段的天才计划。”[①]这种观点从苏联传播到中国，使中国相关学术界的大多数人也持这种看法。如中国学者的有关著作也提出：“《四月提纲》是创造性地把马克思主义的基本原理运用于俄国革命具体实践的产物。列宁根据世界大战、欧洲已经出现客观的革命形势、俄国二月革命的胜利和大批苏维埃的涌现等新的情况，及时地制定了俄国由民主革命向社会主义革命转变的方针和策略。”[②]“在《四月提纲》中，列宁根据社会主义可能在一国或数国首先取得胜利的理论，结合俄国当时的情况，提出了资产阶级民主革命向社会主义革命转变的纲领和策略。”[③]

列宁的《四月提纲》究竟有没有提出使俄国革命向社会主义革命转变的纲领或方针？这是一个值得深入探讨的问题。

笔者以为，只有认真地研究《四月提纲》提出的革命任务，看看这些任务是不是社会主义革命的任务，才能知晓《四月提纲》有没有提出使俄国革命向社会主义革命转变的纲领或方针。

《四月提纲》共有十条。其中五个条文的内容与俄国经

---

① 联共(布)中央特设委员会编:《联共(布)党史简明教程》,北京:人民出版社,1975年,第205页。

② 刘佩弦主编:《科学社会主义史纲》,北京:中国人民大学出版社,1984年,第371页。

③ 胡瑾、闵宝利:《国际共产主义运动历史长编》第二卷,吉林:吉林人民出版社,1987年,第342页。

济制度、政治制度的变革有直接的关系，如第二条、第五条、第六条、第七条、第八条。另外五个条文的内容与俄国的制度变革没有直接关系。所以必须重点研究与俄国制度变革有直接关系的五个条文。譬如：

第二条提出，下一阶段即“革命的第二阶段”重要的任务之一，是由无产阶级和贫苦农民掌握政权。列宁写道：“俄国当前形势的特点是从革命的第一阶段向革命的第二阶段过渡，第一阶段由于无产阶级的觉悟和组织程度不够，政权落到了资产阶级手中，第二阶段则应当使政权转到无产阶级和贫苦农民手中。”[①]

第五条提出，下一阶段重要的任务之一，是建立巴黎公社式的政府。列宁写道：“不要议会制共和国……而要从下到上遍及全国的工人、雇农和农民代表苏维埃的共和国。废除警察、军队和官吏。一切官吏应由选举产生，并且可以随时撤换，他们的薪金不得超过熟练工人的平均工资。”[②]

第六条提出，下一阶段革命的任务之一，是进行土地国有化。列宁写道：“没收地主的全部土地。把国内一切土地收归国有，由当地雇农和农民代表苏维埃支配。”[③]

第七条提出：“立刻把全国所有银行合并成一个全国性的银行，由工人代表苏维埃进行监督。”[④]

---

①《列宁全集》第29卷，北京：人民出版社，1985年，第114页。

②《列宁全集》第29卷，北京：人民出版社，1985年，第115页。

③《列宁全集》第29卷，北京：人民出版社，1985年，第115页。

④《列宁全集》第29卷，北京：人民出版社，1985年，第116页。

第八条提出："我们的直接任务并不是'实施'社会主义，而只是立刻过渡到由工人代表苏维埃监督社会的产品生产和分配。"①

不难看出，上述《四月提纲》提出的下一阶段革命的五项任务，即由无产阶级和贫苦农民掌握政权，建立巴黎公社式的新政府，土地国有化，工人代表苏维埃监督银行，由工人代表苏维埃对社会的产品生产和分配实行监督，均不是社会主义革命的任务。因为社会主义革命的基本内容是消灭资本主义私有制、建立社会主义公有制等。上述五项任务在性质上不同于消灭资本主义私有制、建立社会主义公有制的任务。

由无产阶级和贫苦农民掌握政权以及建立巴黎公社式的政府，不等于开展了社会主义革命，因为这里没有消灭资本主义私有制和建立社会主义公有制的内容。

土地国有化是资本主义国家早已采取过的措施，所以不能认为它具有社会主义革命的性质。

由工人代表苏维埃对社会的产品生产和分配实行监督，指在不改变生产资料所有制性质的前提下，由工人代表苏维埃或有关的工人组织对资本主义企业的生产和分配的过程进行监督，对资本家的活动进行一定的制约。它不是社会主义革命性质的任务。

由工人代表苏维埃监督银行也是这样。它没有剥夺银行资本和没有改变银行存款的私人占有性质。

---

①《列宁全集》第29卷，北京：人民出版社，1985年，第116页。

值得指出的是，在列宁思想中，上述种种任务不具有社会主义革命的性质。如同本文前面论及过的，列宁指出，建立巴黎公社式的新政府，不等于立即进行社会主义革命。他曾说：在有的人看来，似乎巴黎公社想立刻实施社会主义。实际上不是这样，可惜的是“公社迟迟没有实施社会主义”。公社的真实本质在于它创立了一种特殊的国家类型。这样的国家在俄国已经诞生，这就是工兵代表苏维埃。

列宁还多次指出，土地国有化、银行国有化以及资本家的辛迪加国有化，不是进行社会主义革命。如他说：“俄国大多数农民会不会要求和实行土地国有化呢？无疑是会的。这是不是社会主义革命呢？不是。这还是资产阶级革命，因为土地国有化是一种可以同资本主义相容的措施。”[①]“实行土地国有化、把一切银行和资本家的辛迪加收归国有或至少由工人代表苏维埃立刻加以监督等等措施，决不是‘实施’社会主义。”[②]“这类措施在战时已有许多资产阶级国家实行了，因为这是同日益逼近的经济的彻底崩溃和饥荒作斗争所绝对必要的。”[③]所谓土地国有化是同资本主义发展相容的措施，指资产阶级的国家政权可以通过土地国有化的措施而促进资本主义的发展。如北美独立战争胜利后，资产阶级政权将美国西部的大片土地国有化，然后将其划分为许多小型地块，出售给需要土地的

①《列宁全集》第29卷，北京：人民出版社，1985年，第300页。

②《列宁全集》第29卷，北京：人民出版社，1985年，第167页。

③《列宁全集》第29卷，北京：人民出版社，1985年，第166—167页。

农业经营者，促进了美国农业资本主义的发展。在第一次世界大战过程中，欧洲许多国家的资产阶级政权鉴于国内经济状况日益恶化，且战争需要大量的军用物资作支撑，需要强化国家政权支配生产的力度等情况，对许多私有企业包括银行和工业垄断组织进行了国有化。英国、法国和德国的资产阶级政权都实施过这类措施。所以列宁说，实行土地国有化、银行国有化和工业垄断组织国有化不是实施社会主义，这些措施是发展资本主义的措施，或者是资产阶级国家政权摆脱危机的办法。

在列宁的思想中，由工人代表苏维埃监督社会的产品生产和分配不是社会主义革命，则是更为清楚和明确的。《四月提纲》里是这样表述这项任务的：我们的直接任务并不是“实施”社会主义，而只是立刻过渡到由工人代表苏维埃监督社会的产品生产和分配。把这句话的前后句倒过来就是，立刻过渡到由工人代表苏维埃监督社会的产品生产和分配，不是实施社会主义。

还需要指出，列宁当时在有关文章以及会议上的讲话中明确地表示，不赞成或者说反对使俄国革命立即转变为社会主义革命。如他在《无产阶级在我国革命中的任务》一文中指出：“在一个小农国家里，只要绝大多数居民还没有觉悟到必须进行社会主义革命，无产阶级政党就决不能提出‘实施’社会主义的目的。”[①]在党的四月代表会议上，他在起草的有关决议中指出：“俄国无产阶级是在欧洲

①《列宁全集》第29卷，北京：人民出版社，1985年，第166页。

最落后国家中的一个国家内，在大量小农居民中间进行活动的，因此它不能抱定立即实行社会主义改造的目的。”[①]在《一个根本问题》一文中，他针对一些人对他思想的误解提出：“农民按阶级地位来说是什么人呢？小业主和小经营者。请问，既然小经营者占人口的大多数，既然实行社会主义的客观条件还不具备，那么，大多数人怎么会赞成实行社会主义呢?！谁会说，谁在说要不顾大多数人的意志来实行社会主义呢?！”[②]在《论策略书》的册子中，他鉴于一些人指责他“指望”使俄国革命立刻转变为社会主义革命，反驳说，“这是不对的。我不但没有‘指望’我们的革命‘立刻转变’为社会主义革命，而且还直接提醒不要有这种想法”[③]。上述列宁一系列话语的思想是，俄国是一个落后国家，小生产者农民和小经营者占人口的大多数，而这部分人群由于他们的生产方式对他们的眼界的限制，不可能像无产阶级那样拥护生产资料公有制和社会主义社会，不可能立即使他们接受无产阶级政党关于建设社会主义的纲领和路线。所以，俄国无产阶级及其政党不能够立即将俄国革命转变为社会主义革命。再者，从生产力决定生产关系的规律看，小生产者占人口的大多数，意味着个体经济在国民经济中占很大的比重，意味着经济的落后和生产力的落后。由于社会主义需要建立在大生产的基础上，俄国的经济状况和生产力状况显然不符合建立社会主

①《列宁全集》第29卷，北京：人民出版社，1985年，第442页。

②《列宁全集》第29卷，北京：人民出版社，1985年，第299页。

③《列宁全集》第29卷，北京：人民出版社，1985年，第146页。

义的要求，所以俄国无产阶级政党也不应该立即实施社会主义改造和社会主义建设的纲领或方针。

根据对《四月提纲》的研究，可以确定：在这个文件里，没有提出使俄国革命转变为社会主义革命的纲领或方针。而且如上所述，列宁自己明确地说《四月提纲》里的那些任务或措施不具有社会主义的性质，他还明确地表示自己不赞成立即将俄国革命转变为社会主义革命。那么为什么学术界会产生对《四月提纲》内容的误解？

笔者认为，这种误解来自《联共（布）党史简明教程》对《四月提纲》内容的误解。如同前面引述过的：《四月提纲》第二条提出：俄国当前形势的特点是从革命的第一阶段向革命的第二阶段过渡，第一阶段由于无产阶级的觉悟和组织程度不够，政权落到资产阶级手中，第二阶段则应当使政权转到无产阶级和贫苦农民手中。这里列宁提出了“革命的第二阶段”的概念。《联共（布）党史简明教程》这样来解释“革命的第二阶段”的概念：列宁的《四月提纲》向党提出了一个争取资产阶级民主革命过渡到社会主义革命、从革命的第一阶段过渡到第二阶段即社会主义革命阶段的天才计划。这里它说“第二阶段即社会主义革命阶段”，这就把第二阶段等同于社会主义革命阶段了。

上述列宁那段话的本意是，在革命的第二阶段，政权要转到无产阶级和贫苦农民手里。如同本文前面所论述的：仅仅无产阶级和贫苦农民掌握政权不等于社会主义革命或社会主义革命的开始。《联共（布）党史简明教程》则提出“第二阶段即社会主义革命阶段”，将“革命的第二阶段”等同于社会主义革命，这是对列宁思想的误解。实际上，不仅《联共（布）党史简明教程》把列宁关于政权转到无产阶级和贫苦农民手里的思想误解成进行社会主义革命的思想，在此以前即1917年4月，俄国布尔什维克中的一些人如列甫·加米涅夫就曾将列宁关于政权转到无产阶级和贫苦农民手中的思想误解成进行社会主义革命的思想，由此遭到了列宁的反驳。①

（四）十月武装起义前夕列宁未说过马上展开社会主义革命

也许有人会问，1917年4月列宁不主张在俄国立即开展社会主义革命，十月武装起义前夕即这年九十月间他会不会提出在俄国立即开展社会主义革命呢？对于此，笔者进行以下研究：

十月武装起义前夕，列宁的代表作之一是《大难临头，出路何在?》。该著作完成于1917年9月10日至14日，10月正式出版。从它的内容看：一方面内容是强调了《四月提纲》以及4月其他文献中已经提出过的工人监督、银行以及工业垄断组织国有化等；另一方面内容是不能“害怕走向社会主义”。关于不能“害怕走向社会主义”的思想，他阐述了以下内容：

国家垄断资本主义是社会主义的“最充分的物资准备”。所谓“国家垄断资本主义”，即资产阶级国家对垄断

---

① 参见俞良早:《1917年俄国工农掌握政权的必然性——列宁与列甫·加米涅夫的意见分歧》,《河海大学学报》(哲学社会科学版)2017年第2期。

企业实行国有化后形成的一种资本主义经济形式，也可以说是资产阶级国家政权的国有经济。由于无产阶级在社会主义革命的进程中，特别是在无产阶级掌握了政权以后，必须利用无产阶级的国家政权剥夺资本家的财产，把资本主义私有制变成无产阶级国家的国有制，再变成全社会占有生产资料的社会主义公有制，这样看来，资产阶级国家政权进行了垄断企业的国有化，实现了国家垄断资本主义，实际上为无产阶级掌握政权后对社会经济进行改造准备了条件。因为在国家垄断资本主义的条件下，无产阶级只要夺取和掌握了国家政权，就拥有现成的经济力量，用不着以国家的力量去剥夺资本家的财产。就此，列宁写道："帝国主义战争是社会主义革命的前夜。这不仅因为战争带来的灾难促成了无产阶级的起义（如果社会主义在经济上尚未成熟，任何起义也创造不出社会主义来），而且因为国家垄断资本主义是社会主义的最充分的物质准备，是社会主义的前阶，是历史阶梯上的一级，在这一级和叫作社会主义的那一级之间，没有任何中间级。"[①]他的意思是说，国家垄断资本主义为进行社会主义革命准备了条件，有利于无产阶级革命的进行。

革命民主国家的国家垄断资本主义是走向社会主义的一个"步骤"。所谓"革命民主国家"，指经过无产阶级革命，由工农掌握政权的国家。在工农掌握政权的情况下，如果尚未大力推进消灭私有制和建立公有制的社会主义革

①《列宁全集》第32卷，北京：人民出版社，1985年，第218—219页。

命，则可以称其国家为“革命民主国家”。如果展开了消灭私有制和建立公有制的社会主义革命，则应称其为无产阶级专政的社会主义国家。在实践中，革命民主国家和无产阶级专政的国家难以区分。列宁这里所说的“革命民主国家”，显然是指工农掌握政权后一段时间内的国家。这些国家的国家垄断资本主义为什么是走向社会主义的一个“步骤”呢？列宁的意思是，国家垄断资本主义已经是社会主义的物质准备，如果这个国家政权的性质发生了改变，旧的统治者被打倒，工农掌握了政权，已经成为革命民主国家，这个国家的国家垄断资本主义无疑是向着社会主义迈进了一大步，或者说它又接近了社会主义一大步。列宁就此说：“如果试一试用革命民主国家，即用采取革命手段摧毁一切特权、不怕以革命手段实现最完备的民主制度的国家来代替容克资本家的国家，代替地主资本家的国家，那又会怎样呢？那你就会看到，真正革命民主国家中的国家垄断资本主义，必然会是走向社会主义的一个或一些步骤！”[①]在这里，列宁实际上论证了把政权转到工农手中的意义，即它是走向社会主义的一个“步骤”。

做一个真正的革命民主主义者，“不能害怕走向社会主义的步骤”，即不能害怕由工农掌握政权。1917年俄国的二月革命是资产阶级民主革命，这个革命虽然已经结束，但是革命的任务在一定意义上并未完成。由于二月革命以后的革命需要继续完成资产阶级民主革命的任务，所以列宁

①《列宁全集》第32卷，北京：人民出版社，1985年，第217页。

称当时的革命者为“民主主义者”或“革命民主主义者”。他说：“或者做一个真正的革命民主主义者，那就不能害怕走向社会主义的步骤。或者害怕走向社会主义的步骤，象普列汉诺夫、唐恩、切尔诺夫那样，借口我国革命是资产阶级革命，不能‘实施’社会主义等等来非难这些步骤，那就必然会滚到克伦斯基、米留可夫和科尔尼洛夫那边去，即用反动官僚手段来压制工农群众的‘革命民主的’要求。”[①]他的意思是，在当时的俄国，要么继续前进，不要害怕走向社会主义的“步骤”，即不要害怕由工农掌握政权；要么站到资产阶级临时政府的立场上，以反革命的手段来压制工农群众的“革命民主的要求”。

在此著作中，列宁表达的思想是：俄国革命趋向于社会主义革命，或者说以后会成为社会主义革命，但是当前的过程不是社会主义革命。革命民主主义者不能害怕以后展开社会主义革命，但是并不要求当前立即开展社会主义革命。

这一时期列宁另外的代表作是《布尔什维克应当夺取政权》和《马克思主义和起义》。这是列宁9月中旬写给布尔什维克党中央的两封信。其中指出：布尔什维克在两个首都的工兵代表苏维埃中占多数以后，应当夺取国家政权。因为现在大多数工农群众拥护布尔什维克，站到了布尔什维克的阵营里，使得布尔什维克有足够的力量夺取政权和巩固政权。还因为德国军队已经攻击到离彼得格勒不

①《列宁全集》第32卷，北京：人民出版社，1985年，第218页。

远的地方，俄国资产阶级临时政府放言准备放弃彼得格勒，任由德国军队占领。如果这样的话，俄国革命和世界革命会延迟许多年，所以列宁力主布尔什维克马上夺取政权。在这些重要文献中，未发现列宁关于立即在俄国进行社会主义革命的论断及思想。

三、将俄国革命过渡到社会主义革命的“准备阶段”

《四月提纲》中列宁所谓由革命的第一阶段“向革命的第二阶段过渡”，含义是什么？

笔者认为，是指将俄国革命过渡到社会主义革命的“准备阶段”上。十月革命就是“革命的第二阶段”，它就是社会主义革命的准备阶段。

所谓社会主义革命的“准备阶段”，指社会主义革命之前的一个特定的历史阶段，是介于资产阶级民主革命和社会主义革命之间的一种“过渡性”的历史阶段。在列宁的思想中，俄国因为农民占人口的大多数，生产力水平低，经济条件差，由资产阶级民主革命转向社会主义革命必须经过这样一个特定的、过渡性的历史阶段。

列宁认为，在这一阶段，无产阶级应该执行的任务是建立和巩固工人阶级和贫苦农民的政权，建立巴黎公社式的政府，进行土地国有化和银行国有化，对社会的产品生产和分配实行工人监督等。在完成了这些任务以后，才有可能将革命转变为社会主义革命。那么毫无疑问，完成这个任务的阶段，就是准备社会主义革命的阶段，或者说是社会主义革命的“准备阶段”。

1917年3月，列宁在回国前夕，在《远方来信》中论及采取上述种种“准备性”“过渡性”措施的必要性时指出：“在俄国，不采取这些过渡措施（即《四月提纲》中提出的那些任务和措施——笔者注），要马上直接实现社会主义是不可能的，但是如果采取了这种过渡措施，实现社会主义就是完全可能的而且是绝对必要的了。”[①]显然，他的意思是，必须先采取一些“准备性”“过渡性”的措施，如由工农掌握政权、土地国有化、银行国有化和工业垄断组织国有化、工人监督等，然后才有可能和有必要进行社会主义革命。那么实行这些“准备性”“过渡性”措施的阶段就是社会主义革命的“准备阶段”。

在1917年4月党的代表会议上的报告中，列宁指出：“工兵代表苏维埃取得政权不是为了建立通常的资产阶级共和国，或直接向社会主义过渡。这是不行的。但究竟是为了什么呢？苏维埃取得政权是为了实行向社会主义过渡的初步的和具体的步骤，这些步骤可以实现，而且应当实现。”[②]这里的意思是，无产阶级和贫苦农民掌握政权以后，不能直接向社会主义过渡，即不能直接开展社会主义革命。他特别强调说，直接向社会主义过渡“是不行的”。在开展社会主义革命以前，需要实行一些“初步的具体的步骤”。这些“步骤”指由工农掌握政权、土地国有化、银行国有化和工业垄断组织国有化、工人监督等。他特别强

①《列宁全集》第29卷，北京：人民出版社，1985年，第54页。

②《列宁全集》第29卷，北京：人民出版社，1985年，第354—355页。

调说，这些步骤“可以实现”，“应当实现”。在完成了这些步骤以后，才可以开展社会主义革命。显然，实行“初步的具体的步骤”的过程，就是社会主义革命准备的过程，这个阶段也就是社会主义革命的“准备阶段”。

以上列宁的论断，证明了他关于俄国革命进程中有一个社会主义革命“准备阶段”的思想，以及将俄国革命过渡到社会主义革命“准备阶段”的思想。

十月武装起义胜利后，列宁说到俄国革命是社会主义革命时，赋予它的含义是：俄国在经过了社会主义革命的“准备阶段”后，有可能真正开展社会主义革命。如1917年11月18日他在全俄农民代表苏维埃非常代表大会上的讲话中说：“这次革命是社会主义革命。消灭土地私有制、实行工人监督和银行国有化，这一切都是导向社会主义的措施。这还不是社会主义，但这是引导我们大踏步地走向社会主义的措施。”[①]接着他说：“工人和被剥削农民的紧密联盟、为苏维埃政权而进行的坚定不移的斗争，会引导我们走向社会主义。任何一个政党真正想要成为人民的政党，就必须明确地、斩钉截铁地说：我国革命是社会主义革命。”[②]这里，他的思想逻辑是：不是社会主义的一些措施，会“引导”俄国人民“走向”社会主义。如他说，消灭土地私有制、实行工人监督和银行国有化，“这还不是社会主义”，但这是“引导我们大踏步走向社会主义的措

①《列宁全集》第33卷，北京：人民出版社，1985年，第95页。

②《列宁全集》第33卷，北京：人民出版社，1985年，第95页。

施”。根据他的思想，正是从“引导”和“走向”的意义上看，俄国革命是社会主义革命。这一时期列宁关于通过“引导”的作用“走向”社会主义革命的思想，与上述关于经过社会主义革命的“准备阶段”进而开展社会主义革命的思想是一致的。

笔者的上述观点，即列宁的《四月提纲》提出了使俄国革命过渡到社会主义“准备阶段”思想的观点，首次出现于1997年笔者发表于《社会科学研究》（成都）第6期上的论文《“从革命的第一阶段向革命的第二阶段过渡”——论列宁的〈四月提纲〉及其有关著作的思想》中，在笔者以后发表的相关论文中也有所涉及。可喜的是，近几年来，国内学术界有的著作中表达了与笔者大致相同的观点。如曹浩翰先生在他的著作《列宁革命思想研究》中论及《四月提纲》的思想时提出：“不过近年来开始有学者注意到这个问题，如俞良早通过对列宁的《四月提纲》所代表的革命第二阶段的内容进行过比较深入的研究，他提出《四月提纲》不是要求进行社会主义革命，而是‘为社会主义革命做准备’。”[①]他还说：“对于二月革命的下一阶段，俞良早先生类似地称之为‘为社会主义革命做准备’的阶段。”[②]他对笔者的观点有较正确的解读，肯定笔者进行过深入的研究，肯定笔者的观点“类似”于他的观点，证明他的观点相同于或者基本相同于笔者的观

① 曹浩瀚：《列宁革命思想研究》，北京：中央编译出版社，2012年，第194页。

② 曹浩瀚：《列宁革命思想研究》，北京：中央编译出版社，2012年，第200页。

点。闻一先生在他的著作《十月革命——阵痛与震荡》中写道："列宁的总看法是，'从革命的第一阶段向第二阶段过渡'，其目的就是'应当是政权转到无产阶级和贫苦农民手中来'。他明确提出，'我们需要革命的政权'，'我们需要国家'。列宁把革命从第一阶段向第二阶段过渡，或者说，第二次革命，看成是政权的转换、转变，而这种转变、转换并不是社会主义的。"[①]这个看法同笔者的观点是一致的。姚海先生在其著作《俄国革命》中论及《四月提纲》的内容时写道："应该说，这些措施与其说是社会主义性质的，不如说更多地体现民主革命的任务。而且，其他民主派政党也不反对采取这样的措施。"[②]这个看法接近笔者的观点。

四、弄清楚列宁十月革命战略思想的意义

总结笔者对列宁关于十月革命战略思想的认识：一是1917年列宁未提出俄国一个国家首先取得社会主义胜利的思想；二是列宁不主张将俄国革命立即转变为社会主义革命，而主张将它转向社会主义革命的"准备阶段"。这说明，在列宁的思想中，十月革命不是社会主义革命，而是社会主义革命的"准备阶段"。

这样来认识和理解列宁的战略思想，有何意义？

---

① 闻一:《十月革命——阵痛与震荡》,广东:广东人民出版社,2010年,第132页。

② 姚海:《俄国革命:苏联史(第1卷)》,北京:人民出版社,2013年,第217页。

（一）还列宁思想的本意

辩证唯物主义和历史唯物主义的基本精神是尊重客观事实，按照事物的本来面目来认识事物和说明事物，运用客观规律来开展工作和发展事业，这也是中国共产党人的实事求是思想。这个词语体现了马克思主义的世界观和方法论，反映了中国共产党的思想路线。当前建设中国特色哲学社会科学的任务已经提上日程，按照党中央的精神，完成这项任务，必须从多个方面开展工作，包括组织党的干部和广大党员认真学习马克思主义经典著作，认真学习马克思主义哲学、政治经济学和科学社会主义。在开展这些工作的过程中，根据经典作家思想的本来面貌来认识和掌握经典作家的思想十分重要，这样做的实质，即在建设中国特色哲学社会科学的过程中坚持党的实事求是的思想路线。人们当以这样的精神及要求来研究马克思主义经典著作，如果发现学术界以前对列宁的著作及思想的认识有偏误，定会及时纠正过来，还它以本意。

（二）纠正列宁思想研究中的不良思想倾向

中国学术界对列宁思想的认识，特别是对列宁关于无产阶级革命和无产阶级专政理论的认识，换言之中国学术界关于这些方面的现成观点，基本上是在20世纪20—30年代形成的，即在列宁逝世后一段时间内形成的。当时联共（布）中央内先后出现了几个政见不同的派别，他们在党的会议上或者自己的著作中阐述自己的政见时，都从列宁的著作中寻找对自己“有用”的材料，大量引用列宁的话语，以支持自己的政见。这是一种很不好的思想倾向，因为参与论争的各个派别都不是在做认真的科学研究，他们在对列宁著作及一些话语作解读时，来不及考察其历史背景，来不及有联系地研究列宁就某个问题先后提出的若干个话语以及它们之间的关联和区别，来不及系统地归纳列宁某个时期提出的某个理论体系以及构成它的各个论点，并正确地说明各个论点的内容及它在该体系中的作用和意义。他们的做法是迅速从列宁的著作中找出“适合”自己政见的话语，用在自己的讲话稿或著作中，以利于增强自己的“战斗力”，达到从思想理论上压制其他派别的目的。由于这种不良思想倾向，当时人们对列宁思想的认识和掌握，许多方面不符合列宁思想的原意，甚至是非科学的。那个时期的倾向影响到后来，影响到当今中国的学术界。这样看来，认真地研究列宁的著作，真实地、正确地、全面地认识和解读列宁的思想，是纠正上述不良思想倾向的需要。

（三）服务于中国特色社会主义事业

中国共产党在开始建设社会主义社会时，中国的国情大体相同于列宁和他的党掌握政权并开展建设事业时的苏俄。正确地解读列宁的思想和吸收苏俄建设的经验，可以服务于中国社会主义建设的事业。中国共产党在领导中国社会主义建设的过程中，在经历了许多曲折之后，走向了中国特色社会主义的道路。20世纪80年代中后期，党提出了社会主义初级阶段的理论，确认中国由于经济落后和生产落后，从20世纪50年代基本建成社会主义制度到21世纪50年代，一直处于社会主义初级阶段，即不发达的阶段。

党和国家的政策、方针不能超越这个阶段，也不能离开社会主义。可以认为，社会主义初级阶段的理论，体现了党在发展问题上持科学的精神和积极又谨慎的态度。这种精神和态度同列宁1917年体现出来的是一致的。列宁当时提出：下一阶段的俄国革命是社会主义革命的“准备阶段”；俄国由于落后和农民占人口大多数，不可以立即直接开展社会主义革命，只可以采取一些走向社会主义革命的“步骤”，或者说向社会主义革命“过渡”的措施，以后条件成熟了，才可以开展社会主义革命。当前确认1917年列宁关于将俄国革命转向社会主义革命“准备阶段”的思想，确认列宁在俄国革命问题上持有的科学精神和积极、谨慎态度，可以起到支持社会主义初级阶段理论的作用，起到服务于中国特色社会主义事业的作用。

第 三 章

关于列宁两个“易生歧义”话语的正确解读*

* 此标题下的内容是2014年度国家社会科学基金重点项目“马克思主义经典作家研究理想社会的原则与实现中国梦研究”(项目编号:14AKS004)的阶段性成果。

现在你们懂得，专政就是领导，就是联合那些分散的、涣散的劳动群众，把他们团结成一个反对资本家的统一的整体，以便战胜资本家，以便不再重演已经使1000万人丧命和2000万人残废的血腥大厮杀。

——列宁：《在全俄哥萨克劳动者第一次代表大会上的报告》，1920年3月所谓列宁的“易生歧义”话语，是指读者对其意思的理解容易产生不同意见的话语，尤其是指近些年来不被人们理解或接受甚至被许多人批评或者诟病的一些话语。笔者以为，回到列宁所处的历史背景，研究列宁的原著，正确地解读列宁的这些话语，具有重要的学术理论意义和现实意义。

一、关于无产阶级专政“是不受任何法律约束的政权”

1918年10—11月，列宁写作名著《无产阶级革命和叛徒考茨基》，其中写道：“无产阶级的革命专政是由无产阶级对资产阶级采用暴力手段来获得和维持的政权，是不受任何法律约束的政权。”[①]这句话由于指明无产阶级专政不受任何法律约束，受到了许多人的批评、诟病甚至攻击。如国内某学者在文章中介绍俄国某学者的著作《二十世纪俄国史》时写道：“列宁写过‘专政的定义不是什么别的东西，就是不受任何法律约束的，不受任何绝对的法规限制的，直接依靠暴力的政权’。这是维护布尔什维克的一党专政必不可少的保证。”[②]以上用双引号的话语不知是俄国学者著作中原有的话语，抑或是中国学者在介绍俄国学者著作时自己使用的话语。其中用单引号的句子，按中国人的文字表达习惯，应是列宁的原话。可是在《列宁全集》《列宁选集》所有的中文版本中都找不到此话语。不过此问题

①《列宁全集》第35卷，北京：人民出版社，1985年，第237页。

② 李玉贞：《一部颠覆性著作：〈二十世纪俄国史〉》，《炎黄春秋》2010年第10期。

是不重要的，重要的是，俄国某些学者以及中国某些学者针对列宁关于无产阶级专政不受任何法律约束的观点提出了否定的、攻击性的意见。这可以从一些学者文章的整体内容或者相关自然段的内容中看出。

中国有学者提出："列宁的上述论断（指无产阶级专政不受任何法律约束的话语——笔者注）是在国内革命战争时期讲的，当时新生的苏维埃政权正面临被扼杀在摇篮里的威胁。列宁在革命时期这么讲，专政'不受任何法律限制'，实际指的是不受'任何资产阶级法律的限制'。"[①]这一看法在中国学术界具有代表性，若干名学者在文章中表达了这样的认识[②]。可是这样的认识并未科学地揭示列宁话语的原意。

笔者认为，列宁关于无产阶级专政不受任何法律约束的论断及思想，来源于马克思、恩格斯关于无产阶级专政的理论以及打碎旧国家机器的理论，是符合经典马克思主义原理的论断及思想。

（一）根据马克思、恩格斯的学说，无产阶级专政是一个短时期内存在的政权。1848年出版的《共产党宣言》中虽然没有使用专政的字眼，但是无产阶级专政的思想是有的。例如，马克思、恩格斯写道：工人群众进行革命，首要的步骤是使无产阶级夺取政权和掌握政权，成为社会的统治阶级，随后，他们必须利用自己政权的力量，剥夺资

① 肖枫：《依法治国的理论取向与国际方位》，《上海党史与党建》2014年第12期。

② 参见覃福晓：《论列宁"无产阶级专政不受任何法律约束"的论断》，《学术论坛》2006年第3期。

本家财产即生产资料，把一切生产资料掌握在无产阶级政权手里，尽快发展生产力。他们提出："如果说无产阶级在反对资产阶级的斗争中一定要联合为阶级，如果说它通过革命使自己成为统治阶级，并以统治阶级的资格用暴力消灭旧的生产关系，那么它在消灭这种生产关系的同时，也就消灭了阶级对立的存在条件，消灭了阶级本身的存在条件，从而消灭了它自己这个阶级的统治。"[①]在他们的思想中，无产阶级专政演进的逻辑是：无产阶级上升为统治阶级→剥夺全部资本和消灭旧的生产关系→消灭了阶级存在的条件→消灭了自己这个阶级的统治→无产阶级专政消亡。这是一个连续发展和演进的过程，是一个不长的过程。当完成了剥夺全部资本和实现了生产资料公有制的时候，无产阶级专政就将消亡。这就是他们所说的："当阶级差别在发展进程中已经消失而全部生产集中在联合起来的个人的手里的时候，公共权力就失去政治性质。"[②]所谓全部生产集中在联合起来的个人的手里的时候，也就是消灭了资本主义私有制和建立了全社会占有生产资料的公有制的时候。这是一个不长的过程，或者可以说是一个很短的过程。经过这个过程后，无产阶级专政即消亡了。他们接着说："代替那存在着阶级和阶级对立的资产阶级旧社会的，将是这样一个联合体，在那里，每个人的自由发展是一切人的自由发展的条件。"[③]也就是说，每个人可以自由

①《马克思恩格斯选集》第1卷，北京：人民出版社，1995年，第294页。

②《马克思恩格斯选集》第1卷，北京：人民出版社，1995年，第294页。

③《马克思恩格斯选集》第1卷，北京：人民出版社，1995年，第294页。

发展的共产主义社会已经实现了。

1852年3月5日，马克思在写给约·魏德迈的信中说道：在我和恩格斯提出唯物主义历史观之前许多年，已经有人发现和提出了阶级以及阶级斗争的学说，如有学识的资产阶级历史学家已叙述过阶级斗争的历史演进过程，进步的资产阶级经济学家已对社会上各个阶级的经济地位和作用进行过分析。所以，发现和提出现代社会存在着阶级以及发现各个阶级之间的斗争，并不是我的成就。“我所加上的新内容就是证明了下列几点：（1）阶级的存在仅仅同生产发展的一定历史阶段相联系；（2）阶级斗争必然导致无产阶级专政；（3）这个专政不过是达到消灭一切阶级和进入无阶级社会的过渡……”[①]这里他指明了无产阶级专政的历史使命，即“达到消灭一切阶级和进入无阶级社会的过渡”。这个思想同上述《共产党宣言》阐述的思想是一致的。在他看来，无产阶级专政的历史任务“不过是”消灭一切阶级和使社会进入无阶级社会。这里他使用了“不过是”，可以看出他轻视这个任务，认为这个任务是比较简单、比较容易完成的任务，而不是需要经过长时期的、艰苦曲折的奋斗才可以完成的任务。1875年，马克思在《哥达纲领批判》中提出了著名的关于无产阶级专政的论断：“在资本主义社会和共产主义社会之间，有一个从前者变为后者的革命转变时期。同这个时期相适应的也有一个政治上的过渡时期，这个时期的国家只能是无产阶级的革命专

①《马克思恩格斯选集》第4卷，北京：人民出版社，1995年，第547页。

政。”[①]这里所说的“革命转变时期”，指无产阶级进行革命、推翻资产阶级政权、利用取得的政治统治地位剥夺资本家的财产、镇压资产阶级的反抗、建立公有制的时期，也就是无产阶级采取一系列革命行动的时期。这里所说的“政治上的过渡时期”，指从存在着国家和国家机器的政治制度向着无国家和国家机器的政治制度过渡的时期。在马克思、恩格斯的思想中，上述两个时期是“相适应的”。或者说，这两个时期处于同一个时间段——从无产阶级发动夺取政权的革命时刻起，进入了“革命转变时期”，同时进入了“政治上的过渡时期”。在上述这个时期段里，或者说在上述两个“相适应的”时期，必须坚持无产阶级的革命专政。当上述两个时期结束时，社会即进入共产主义社会的低级阶段或者说第一个阶段。共产主义社会的低级阶段或者说第一阶段，是没有阶级和国家、没有商品和货币的社会状态。这是人所共知的马克思主义基本原理的内容。这个基本原理告诉人们，共产主义社会的低级阶段或者说第一阶段已经没有无产阶级专政，或者说无产阶级专政已经处于消亡的过程中。也就是说，无产阶级专政只存在于“革命转变时期”和“政治上的过渡时期”。由于这两个时期是不太长的时期，所以无产阶级专政是一个不太长时期内存在的事物，是一个短时期内存在的事物。

1880年，恩格斯在《社会主义从空想到科学的发展》中提出：在资本主义制度下，存在着无产者和资产者之间

---

①《马克思恩格斯选集》第3卷，北京：人民出版社，1995年，第314页。

的对立，存在着个别工厂中的社会组织性和整个社会生产中的无政府状态的矛盾；“无产阶级革命，矛盾的解决：无产阶级将取得公共权力，并且利用这个权力把脱离资产阶级掌握的社会生产资料变为公共财产。通过这个行动，无产阶级使生产资料摆脱了它们迄今具有的资本属性，使它们的社会性有充分的自由得以实现。从此按照预定计划进行的社会生产就成为可能的了。生产的发展使不同社会阶级的继续存在成为时代的错误。随着社会生产的无政府状态的消失，国家的政治权威也将消失。人终于成为自己的社会结合的主人，从而也就成为自然界的主人，成为自身的主人——自由的人”[①]。在这里，他展示的由资本主义向共产主义演进的逻辑是：无产阶级革命→取得公共权力→把生产资料变公共财产→进行有计划的生产→国家的政治权威消失→人成为自由的人。在恩格斯的思想中，从进行革命和取得公共权力，到国家的政治权威消失，是需要经过无产阶级专政的。但是上述一整个过程都是一个短时期的过程，或者说无产阶级专政是一个短时期的事物。马克思、恩格斯没有说过无产阶级专政是一个长时期存在的政权，需要存在80年、100年、150年甚至更长的时期。人们不能设想马克思、恩格斯提出了一个理想社会的方案，且实现这个方案需要80年、100年、150年甚至更长的时间。如果他们提出了这样的方案的话，哪个国家的无产阶级愿意跟着他们的理论走呢？因为对于当时参加革命的无产者

①《马克思恩格斯选集》第3卷，北京：人民出版社，1995年，第759—760页。

来说，他自己看不到这样的理想社会，也许他的儿子甚至孙子也看不到这样的理想社会。既然几代人都看不到这样的理想社会，不能达到理想目标，有多少人会献身其中？马克思、恩格斯没有也决不会提出这样的理论或理想社会的途径。

（二）根据马克思、恩格斯的学说，无产阶级专政是打碎旧国家机器后建立的“不是原来意义上的国家”。马克思主义理论中有一个重要的原理，即打碎旧国家机器的原理。1848年欧洲革命后，马克思认真总结了革命的经验教训。他提出，当时法国存在着庞大的国家机器，即这个国家机器有50万军队和50万官僚。然而先后更替上台执政的资产阶级政党或政治派别都夺取这个国家机器，充实和扩大这个国家机器，利用这个国家机器。下一次革命即无产阶级和劳动人民的革命则必须打碎这个国家机器。他在《路易·波拿巴的雾月十八日》中写道：“随着小块土地所有制日益加剧的解体，建立在它上面的国家建筑物将倒塌下去。现代社会所需要的国家中央集权制，只能在和封建制度斗争中锻炼出来的军事官僚政府机器的废墟上建立起来。”[①]这里所表达的就是关于打碎旧国家机器的思想。1871年4月12日，马克思在给路·库格曼的信中写道：“如果你读一下我的《雾月十八日》的最后一章，你就会看到，我认为法国革命的下一次尝试不应该再像以前那样把官僚军事机器从一些人的手里转到另一些人的手里，而应

①《马克思恩格斯选集》第1卷，北京：人民出版社，1995年，第684页。

该把它打碎，这正是大陆上任何一次真正的人民革命的先决条件。”[①]这无疑是确认了他于1848年革命后不久即提出的关于“打碎旧国家机器”的学说。所谓“打碎旧国家机器”，是指让国家机器消失，不再需要有国家机器，不再让一些人掌握国家机器。1871年巴黎公社革命后，马克思、恩格斯找到了一种替代旧国家机器的政治形式，即巴黎公社式的政治形式。在《法兰西内战》的第三章中，马克思详细地论述了巴黎公社政治形式的特点：废除常备军，以武装起来的人民群众取而代之；由普选产生的公社委员组成“公社”；这些委员是工人或公认的工人阶级代表；选民可以罢免不称职的公社委员；公社既是行政机关，也是立法机关；公社委员和一切公职人员领取相当于普通工人的薪金；警察失去了原来作为国家机器的性质，由随时可以罢免的工作人员担任；法官已失去其“表面的独立性”，由人民选举产生，对选民负责，并随时可以被撤换。对于巴黎公社的性质和地位，马克思的评价是：“公社的真正秘密就在于：它实质上是工人阶级的政府，是生产者阶级同占有者阶级斗争的产物，是终于发现的可以使劳动在经济上获得解放的政治形式。”[②]这里，他确认公社是一种“政治形式”，认为在这种政治形式下工人阶级可以获得解放。恩格斯在1891年所写的《法兰西内战》导言中指出：“近来，社会民主党的庸人又是一听到无产阶级专政这个词就吓出

①《马克思恩格斯选集》第4卷，北京：人民出版社，1995年，第599页。

②《马克思恩格斯选集》第3卷，北京：人民出版社，1995年，第58—59页。

一身冷汗。好吧，先生们，你们想知道无产阶级专政是什么样子吗？请看巴黎公社。这就是无产阶级专政。”[①]可以确认的是，在马克思、恩格斯的思想中，巴黎公社是无产阶级专政的一种形式。马克思关于巴黎公社是终于发现的可以使劳动在经济上可以获得解放的政治形式的话语，同恩格斯关于巴黎公社是无产阶级专政的话语，含义是相同的——指通过巴黎公社式的无产阶级专政的形式，可以使无产阶级在经济上获得解放。如果说1848年革命后不久马克思在提出“打碎旧国家机器”学说时尚不明白用什么东西来取代被打碎的旧国家机器的话，那么在经过巴黎公社革命后，他和恩格斯则认识到，可以用这个“终于发现的”政治形式取代被打碎的旧国家机器。

如果说巴黎公社等于无产阶级专政或者说是无产阶级专政的一种形式，那么则可以看清无产阶级专政的基本内容，即没有常备军，有的是武装起来的人民；没有官僚，有的是人民选举产生的公社委员；没有警察和法官，此方面的职务也由人民选举产生的公职人员担任；所有的公职人员受到选民的监督，随时可以被撤换；所有的公职人员领取相当于普通工人的薪金。这种政治形式已经不是原来意义上的国家了。1875年恩格斯在给奥·倍倍尔的信中说：拉萨尔提出所谓自由的人民国家的说法，是十分错误的，“应当抛弃这一切关于国家的废话，特别是出现了已经

---

①《马克思恩格斯选集》第3卷，北京：人民出版社，1995年，第13—14页。

不是原来意义上的国家的巴黎公社以后”[①]。所谓巴黎公社“不是原来意义上的国家”，指无产阶级专政或者说巴黎公社式的无产阶级专政，由于没有常备军、官僚、警察和法官等，它的性质已经发生了根本的改变，无论是从内容上还是从形式上，它严格区别于拥有官僚军事机器的旧国家。

综上所述，根据马克思、恩格斯的学说，无产阶级专政是一个短时期内存在的政权，是打碎旧国家机器后建立的“不是原来意义上的国家”。在这个政权形式下，旧的国家机器被打碎了。与此相适应的是，旧的法律也被废除了。人们可以明白，在无产阶级专政的条件下，旧的法官没有了，旧的法律也没有了。由于它不是原来意义上的国家，而且是一个短时期内存在的国家，或者说是一个很快就会消亡的国家，所以绝对不应该和不需要建立新的国家机器，也不需要制定新的法律。在这样的社会状态下，无产阶级专政必然地不受任何法律的约束。说它不受任何法律的约束，指旧的法律没有了，不应该和不需要制定新法律，实际上没有新法律，所以它不受任何法律约束。从另一个角度看，无产阶级专政是全体无产者武装起来、进行暴力革命建立起来的政权。它建立以后，由于没有常备军，必须使全体无产者手中握有武器，使他们履行镇压敌对势力反抗的职能，所以这个政权是凭借暴力建立并维持的政权，如同巴黎公社那样。马克思、恩格斯关于无产阶级专政的学说就是如此。

①《马克思恩格斯选集》第3卷，北京：人民出版社，1995年，第324页。

列宁关于无产阶级专政不受任何法律约束的论断及思想符合上述马克思主义基本原理。列宁在长期的革命过程中认真研读马克思的著作，深刻领会和掌握了马克思主义。他精通马克思主义关于无产阶级专政的理论。十月革命前夕，他在《国家与革命》中提出："只有承认阶级斗争、同时也承认无产阶级专政的人，才是马克思主义者。马克思主义者同平庸的小资产者（以及大资产者）之间的最深刻的区别就在这里。必须用这块试金石来检验是否真正理解和承认马克思主义。"[①]他在这部著作中还指出，在从资本主义社会走向共产主义社会的"政治上的过渡时期"，还需要有国家，但是这个国家已经不是原来意义上的国家——即无产阶级专政。在共产主义社会的第一阶段（即通常所说的社会主义社会），无产阶级专政处于消亡的过程中，他说："国家正在消亡，因为资本家已经没有了，阶级已经没有了，因而也就没有什么阶级可以镇压了。"[②]同时他也认识到，在共产主义的第一阶段，由于实行按劳分配，存在着人与人之间生活条件的不一致，能干者、多劳者会比其他人生活得好一些的情况，这就是所谓的"资产阶级权利"，所以还需要有"国家"来保障按劳分配即保障资产阶级权利，但这样的国家不再是对人进行镇压的政治性的国家了。由此得出的结论是：列宁所说的不受任何法律约束的无产阶级专政，不是社会主义社会的事物，而

①《列宁全集》第31卷，北京：人民出版社，1985年，第32页。

②《列宁全集》第31卷，北京：人民出版社，1985年，第91页。

是由资本主义社会走向共产主义社会的“政治上的过渡时期”的国家政权。列宁在1918年和1920年两次说到无产阶级专政不受任何法律约束。[①]当时的苏俄正处于“过渡时期”，而非处于社会主义社会。在他的思想中，在这个时期，旧的国家机器已经被打碎，旧的法官制度和法律已经被废除，没有也不需要再建立国家机器，没有也不需要再建立法官制度和法律，所以无产阶级专政不受任何法律的约束。他的这个思想同马克思、恩格斯关于无产阶级专政的学说是完全一致的。

不能以当前中国的社会现实去比对和衡量列宁关于无产阶级专政不受法律约束的思想。当前的中国不是处于“政治上的过渡时期”，而是进入了社会主义社会即共产主义社会的第一阶段。按照马克思、恩格斯的学说（列宁也是遵从这一学说的），在这个社会阶段，国家即无产阶级专政处于消亡的过程中，因为这个社会阶段已经没有阶级存在的条件和阶级，已经没有什么需要镇压的对象了。它之所以没有完全消亡，是因为这个社会实行按劳分配，存在着资产阶级权利，必须有国家保障按劳分配和资产阶级权利。可是这个国家已经不具有镇压的职能了。然而，中国的现实不是这样的。中国现实社会虽然处于社会主义社会，但是国家没有消亡也不能消亡。如果没有强大的国家机器，则不可能抵御国外敌对势力的军事进攻，也不能维

① 参见《列宁全集》第35卷，北京：人民出版社，1985年，第237页；《列宁全集》第39卷，北京：人民出版社，1986年，第380页。

护国内正常的政治环境和社会环境，不能保障改革开放的顺利发展。有国家就必然有法律，政权机关的活动必须受到法律的约束，或者说必须在法律的范围内活动。不能以当前中国的政权、政党以及各种政治力量在法律的范围内活动的必要性，来否定列宁当初关于无产阶级专政不受法律约束的思想。

二、关于“我们就是坚持一党专政”

1919年7月31日，列宁在全俄教育工作者和社会主义文化工作者第一次代表大会上的讲话中说：“当有人责备我们是一党专政……我们就说：‘是的，是一党专政！我们就是坚持一党专政，而且我们决不离开这个基地，因为这是一个在几十年内争得了整个工厂无产阶级即工业无产阶级的先锋队地位的党’。”[①]这句话遭到一些人的批判和诟病。国内有人在文章中写道：马克思设想的无产阶级是多数人对少数人的专政，而且是短时期的，“但列宁却把它变成少数对多数的专政，还公开主张一党专政以至领袖独裁”。还写道：参与喀琅施塔得叛乱的水兵中许多人是布尔什维克党员，“他们只是不赞成一党专政，要求实现原先承诺的民主自由”。[②]从“一党专政”的字眼看，或者说从这句话看，实在是与民主和自由背道而驰，而且走向了极端，使现代政治思维正常的人不能接受。可是，要了解和掌握一

---

①《列宁全集》第37卷，北京：人民出版社，1986年，第125—126页。

② 参见何方文：《对俄国十月革命的回顾与思考》，《炎黄春秋》2007年第11期。

个人的思想，是不能只看几个字眼或一句话的。在这里，笔者将列宁这句话的前后内容联系起来，以揭示列宁的真实思想。

（一）列宁的这句话是在回击社会革命党、孟什维克以及受他们思想影响的社会组织对布尔什维克的攻击时所说的，具有论战的性质和意义

在欧美资本主义国家的工厂里，企业主通过掠夺工人的剩余价值，奠定了资本主义制度的基础。马克思在《资本论》中对资本主义剥削进行了深刻的分析，并且说了一句讽刺意味十足的话：在资本主义社会里，“占统治地位的是自由、平等和边沁”。列宁在此次会议上的讲话中讲到这个事实，并且指出，马克思这句话的含义是：资产阶级宣扬自由，但是这种自由是少数人牟取暴利的自由，是资产者发财的自由和商业周转的自由；他们所说的平等是“资本家和工人的平等”，但是实际上没有这种平等；他们向往的边沁主义，是小资产阶级关于自由、平等的偏见。联系到苏俄的实际，当时苏维埃政权正面临严酷的国内战争形势。由于饥荒和粮食收购危机，苏维埃政权被迫实施余粮收集制，禁止私人买卖粮食，并严厉打击粮食投机活动。在此情形下，社会革命党、孟什维克以及受他们思想影响的社会组织如旧的教师联合会，竭力宣扬“自由”“平等”，攻击布尔什维克和苏维埃政权破坏了“自由”“平等”。事实上，他们所宣扬的自由、平等是上述马克思批判过的资产阶级所主张的观点。列宁就此指出：“所有这些人都想证实这个说法：在资本主义社会里占统治地位的是自

由、平等和边沁。”[①]“我们说，你们责备布尔什维克破坏自由，其实这种自由是资本的自由，是粮食占有者在自由市场上出卖粮食的自由，也就是少数握有余粮的人牟取暴利的自由。”[②]上述政党和社会组织的人物还攻击布尔什维克破坏了出版自由。列宁说，资本主义社会的出版自由是靠资本来维持报刊、用报刊来影响人民群众的自由。在苏维埃制度下，第一次在一个大国里创办了不依赖于资本和百万富翁的出版事业。正是在这样的语境下，即在回应敌对势力攻击布尔什维克和苏维埃政权的语境下，列宁说了“我们就是坚持一党专政”的话语。显然，这是一句“论战性”话语。笔者强调这是一句“论战性”话语，意在说明“一党专政”这个话语未经过充分的论证，未深入研究和阐明它的含义、运行规则和发展趋势等，或者说它未形成一个思想体系，仅仅是一个说法而已。

（二）“一党专政”的实际含义是“一党”领导工人群众发展革命事业

列宁在此次会议上的讲话中，在讲到“我们就是坚持一党专政”的话语之后，紧接着说，这是一个在几十年内争得了整个工业无产阶级的先锋队地位的党，它在1905年革命以前就取得了这种地位，即无产阶级先锋队的地位。他还说：“‘这个党在1905年领导了工人群众，从那时起，在1905年以后的反动时期内，即当工人运动在斯托雷平杜

①《列宁全集》第37卷，北京：人民出版社，1986年，第125页。

②《列宁全集》第37卷，北京：人民出版社，1986年，第125页。

马的条件下历尽艰辛恢复起来的时候，它一直是和工人阶级打成一片，因而只有这个党才能领导工人阶级去深刻地根本地改变旧社会。’”[①]这段话讲到的历史事实是：在俄国无产阶级政党建立初期，即1905年革命以前，它已经被广大工人群众所认识和认可，受到了他们的拥护。所以这个党能够领导并且事实上已经领导工人群众进行了1905年革命，特别是领导工人群众展开了十月全俄总政治罢工和十二月莫斯科武装起义。这些斗争虽然受到了挫折，但是党在工人群众的心目中树立了敢于斗争、敢于牺牲的崇高形象，增进了同广大工人群众的感情。1905年革命失败后，特别是1907年6月进入斯托雷平反动时期以后，反动政权疯狂镇压工农革命运动，大肆屠杀革命者，绞索遍及全俄国。在白色恐怖下，曾经参与革命但意志不坚定者纷纷变节或叛变，逃离了革命的队伍。只有列宁领导的党继续坚持斗争。他们首先清除了党内的“取消派”和“召回派”，纯洁了党的队伍和加强了党的斗争力。在此基础上同广大工人群众打成一片，将合法的和秘密的斗争形式结合起来，同反动政权抗争，宣传革命和准备革命，为1917年的革命准备了条件。列宁在论述上述事实的时候，使用了下述提法：“这个党在1905年领导了工人群众”，在斯托雷平反动时期“一直和工人群众打成一片”，“只有这个党才能领导工人阶级去深刻地根本地改变旧社会”。这些话语或者说这些提法是在他说到“一党专政”之后紧接着说的。

①《列宁全集》第37卷，北京：人民出版社，1986年，第126页。

这证明，列宁对“一党专政”的含义的解释是：只有这个党始终和工人群众打成一片，只有这个党能够领导工人群众发展革命事业，走向社会主义社会。由此得出的结论是：列宁所谓“一党专政”，实际的含义是“一党”领导工人群众发展革命事业。

需要指出的是，关于无产阶级专政是无产阶级对广大劳动群众的“领导”，列宁有过许多明确的论断。1919年9—10月间，列宁准备写一本关于无产阶级专政的书，为此进行了研究工作，包括阅读马克思、恩格斯有关的著作，摘录他们著作中的重要论断，搜集和整理苏俄现实生活中政权建设的有关材料，在此基础上，列宁写成了几个提纲。他在提纲中反复写道：“无产阶级专政是无产阶级对劳动群众（和整个社会）的领导。”[①]“无产阶级专政是一个阶级即无产阶级对全体劳动者进行训练，也就是进行领导。带领。”[②]这里的表达既明白又确定，即无产阶级专政是无产阶级对社会的“领导”，对其他劳动者的“领导”和“带领”。而且他对于什么是“领导”作了进一步的解释，即“带领”。在他的思想中，无产阶级“带领”其他劳动者阶层一起前进，就是所谓“领导”，就是所谓“无产阶级专政”。1920年2月，列宁就筹备党的第九次代表大会给各级党组织写信，要求各级党组织和全体党员为即将举行的党的代表大会做好思想准备。他在信中写道：由于国内战争

---

①《列宁全集》第37卷，北京：人民出版社，1986年，第430页。

②《列宁全集》第37卷，北京：人民出版社，1986年，第433页。

胜利在望，党的任务将转到经济建设上来。完成经济建设的任务，要求无产阶级团结其他的劳动者阶层，包括团结旧社会过来的技术专家一起工作。他说："同志们！我们过去所以能战胜历史摆在第一个社会主义共和国前进途中的空前未有的困难，是因为无产阶级正确地理解自己作为专政者，即作为全体劳动者的领导者、组织者和教育者所肩负的任务。我们所以能取得胜利，是因为正确地规定了最迫切、最重要、最紧急的任务，并且真正集中了全体劳动者、全体人民的全部力量来完成这项任务。"[①]他的思想是，无产阶级是"专政者"，同时也是全体劳动者的领导者、组织者和教育者。由于无产阶级对此有正确的理解，领导和组织了全体劳动者，团结和集中了全体人民的力量，所以才能战胜以前时期面临的各种困难，完成艰巨的任务。在这里，他关于无产阶级作为"专政者"等于是领导者和组织者的思想，是十分明确的和正确的。同年3月，列宁在有关会议上的讲话中说，帝国主义战争即第一次世界大战使1000万人死亡、2000万人伤残，使俄国人民生活在水深火热之中，由于布尔什维克领导的革命，由于建立了无产阶级专政的苏维埃政权，俄国的劳动人民才渐渐摆脱了苦难的深渊。他向会议出席者指出："现在你们懂得，专政就是领导，就是联合那些分散的、涣散的劳动群众，把他们团结成一个反对资本家的统一的整体，以便战胜资本家，以便不再重演已经使1000万人丧命和2000万人残废

①《列宁全集》第38卷，北京：人民出版社，1986年，第156页。

的血腥大断杀。”[①]他的思想是，专政的作用即领导和团结的作用，它的意义在于把分散的群众团结和联合起来，同帝国主义者作斗争。在这里，他明确地提出了“专政就是领导”的话语。

（三）布尔什维克党主张由工农掌握政权和使穷苦人获得解放，这使得它不能够与其他政党或政治派别实现联合行动或者“统一战线”

在当时的俄国以及在当时西方其他的资本主义国家，如果提出由工农掌握政权和使穷苦人获得解放，除了坚定的马克思主义政党和无产阶级革命家以外，其他政党和政治家是不会赞同和支持的。俄国的事实证明了这一点。正是这个原因，使得布尔什维克党不可以同其他的政党实现联合行动或者统一战线。列宁在此次会议上的讲话中讲到“一党专政”实际上是“一党”领导工人群众的时候，阐明了布尔什维克党为什么不能同其他政治派别实现统一战线的问题。在俄国1917年革命的进程中，似乎有“统一战线”的例子。如七月事变后组成了一届新的联合政府，此届政府中社会革命党人克伦斯基任总理兼军事部长及海军部长，另有社会革命党人分别任内务部长、农业部长，还有孟什维克的代表任劳动部长、电信部长。这些政党和派别不同程度地具有反对沙皇制度的革命性，在当时都属于“社会主义者”。此外，该政府中也有资产阶级政党即立宪民主党的代表任运输部长、教育部长等职务。在此届政府

①《列宁全集》第38卷，北京：人民出版社，1986年，第195页。

15名成员中，“社会主义者”占多数。可以说，当时实现了社会主义政党和派别与资产阶级政党的“统一战线”。可是结果是怎样的呢？是打着社会主义旗号的社会革命党和孟什维克不断地向资产阶级妥协，倒向了协约国帝国主义的阵营，实施了反动资产阶级的方针和政策。如同列宁所说的：“结果怎样呢？我们有没有看到他们所许诺的那种向社会主义的逐步过渡呢？没有，我们看到的是破产，是帝国主义者的完全统治，是资产阶级的统治，是一切妥协主义幻想的彻底破灭。”[①]这个“统一战线”的例子证明，小资产阶级的政党和政治派别以及资产阶级政党等，有可能结成“统一战线”，可是它的前途是走向完全的资产阶级政治统治。导致此后果的原因是当时俄国资产阶级的反动性和小资产阶级的动摇性、妥协性。面对这个事实，可以明白，在当时的俄国，坚持马克思主义路线的无产阶级革命政党不应该也不可能同资产阶级、小资产阶级的政党和政治派别结成“统一战线”。即便是无产阶级革命政党提出了建立“统一战线”的要求和建议，由于阶级立场和政治态度的截然不同，资产阶级、小资产阶级的政党和政治派别会予以拒绝。假定俄国无产阶级革命政党与资产阶级、小资产阶级政党和政治派别结成了“统一战线”，则意味着无产阶级革命政党面临由于资产阶级的反动性和小资产阶级的动摇性、妥协性造成革命事业失败的危险。这个结论已被俄国当时的事实所证明。列宁就此提出：“在资本主义社

①《列宁全集》第37卷，北京：人民出版社，1986年，第126页。

会里，不管它在发展的时候，在很巩固的时候，还是在行将灭亡的时候，反正都一样，都只能有一种政权，或者是资本家的政权，或者是无产阶级的政权。一切中间政权都是幻想，谁想尝试建立第三种政权，即使出于真心诚意，也会不是滚向这边，就是滚向那边。”[①]显然，不可能建立中间政权，不可能建立第三种政权，这是列宁对当时的俄国不能实现无产阶级政党同其他性质的政党、政治派别建立“统一战线”的科学解释。这个解释是符合历史事实的，因而是正确的。

综上所述，列宁关于“一党专政”“我们就是坚持一党专政”的话语，仅仅是一个话语或者说法，未形成思想体系。它的真实的、实际的含义，是“一党”领导工人群众发展革命事业。事实证明，在当时的俄国，无产阶级革命政党不能同资产阶级、小资产阶级的政党和政治派别结成“统一战线”，只能“一党”领导工人群众发展革命事业。这是人们在正确认识列宁关于“一党专政”“我们就是坚持一党专政”的话语时所必须了解的事实。

要正确地理解列宁关于“一党专政”“我们就是坚持一党专政”的话语，还必须弄清楚俄国形成“一党”领导人民群众和国家的原因和过程。

在十月革命过程中和革命胜利初期，在苏维埃政权及政府建设问题上，列宁和布尔什维克党主张由相关党派“分掌政权”。如正在进行武装起义的时候，举行了全俄工

①《列宁全集》第37卷，北京：人民出版社，1986年，第127页。

兵代表苏维埃第二次代表大会。参加这次代表大会的代表中，布尔什维克有390人，社会革命党有160人，孟什维克有72人等等。大会选举产生了主席团，其中布尔什维克有14人，左派社会革命党有7人，乌克兰社会党有1人。代表大会选举产生了全俄中央执行委员会，其中布尔什维克62人，左派社会革命党29人，社会民主党人国际主义者6人，乌克兰社会革命党3人，社会革命党人最高纲领派1人。上述事实说明，当时的政权具有相关党派“分掌政权”的特点。

孟什维克的代表和右派社会革命党的代表也出席了此次大会，或者说，此次大会并没有排斥孟什维克和右派社会革命党的代表。可是，他们反对正在进行中的武装起义，反对推翻资产阶级临时政府，因而拒绝参加大会主席团。在大多数代表支持布尔什维克的立场后，他们自行退出了会场。所以在大会主席团和中央执行委员会里，没有他们的成员。这个结果的原因何在呢？显然在于孟什维克和右派社会革命党自身。根本的原因是他们逆历史潮流而动，在大多数党派都认为应该推翻资产阶级临时政府时支持这个政府，反对无产阶级革命，直接的原因是他们拒绝参加主席团和自动退出会场。在此次大会闭幕后两天，列宁在有关会议上的报告中针对这个事实说：“社会革命党人和孟什维克退出了，这不能怪我们。我们曾经建议同他们分掌政权，可是他们却要等与克伦斯基的这场斗争有了结果再说。”[①]“我们这

①《列宁全集》第33卷，北京：人民出版社，1985年，第31页。

里大家都知道，社会革命党人和孟什维克是由于成了少数才退出的。……我们愿意成立苏维埃联合政府。我们没有把任何人排除于苏维埃之外。”[①]在这里，列宁明确阐述了愿意组成“联合政府”和“分掌政权”的主张。同年11月初，列宁在起草的有关决议中又写道：“中央委员会确认，它没有将任何人排斥在全俄苏维埃第二次代表大会之外，即使在目前它也十分愿意让退出的人再回来，愿意承认他们在苏维埃范围内的联合，因此，说什么布尔什维克不愿意同任何人分掌政权，这是彻头彻尾的谎话。”[②]在这里，他又一次阐述了“分掌政权”的思想。

全俄苏维埃第二次代表大会在组建苏维埃政府——人民委员会的时候，布尔什维克建议左派社会革命党派代表加入苏维埃政府，但是左派社会革命党不愿意与布尔什维克组成联合政府，要求建立有右派社会革命党人、孟什维克和布尔什维克加入的所谓“清一色的社会党人政府”。这个要求显然是不现实的。如上所述，右派社会革命党和孟什维克由于不能走与布尔什维克相同的道路，他们的代表已经自行退出了此次大会，何谈他们加入苏维埃政府？左派社会革命党因此而拒绝加入苏维埃政府，责任在于左派社会革命党自身。当年11月4日，列宁在有关会议上就这个问题指出：“布尔什维克在革命后的最初几天就建议左派社会革命党人的代表加入新政府，但是左派社会革命党人

①《列宁全集》第33卷，北京：人民出版社，1985年，第31页。

②《列宁全集》第33卷，北京：人民出版社，1985年，第41页。

的党团自己拒绝同布尔什维克合作，不愿意在这些艰难的、危急的日子里同它的左邻分担责任。”[①]次日，列宁在起草的《俄国社会民主工党（布尔什维克）中央委员会宣言》中具体地说道，布尔什维克党中央曾邀请三位左派社会革命党人参加自己的会议，并建议他们加入新政府，然而遭到了他们的拒绝。在这个宣言中，列宁针对资产阶级的攻击说："资产阶级的下流作家和那些被资产阶级吓倒的人齐声责备我们，说我们不肯让步、不愿和解，说我们不愿意同别的政党分掌政权。同志们，这都是谎话！我们曾经建议，而且还在建议左派社会革命党人同我们分掌政权。他们拒绝了我们的建议，可见并不是我们的过错。”[②]显然，在这一时期左派社会革命党人是否加入苏维埃政府的问题上，列宁再一次阐述了"分掌政权"的思想。值得指出的是，由于列宁的上述思想和政策，到1917年底，有七名左派社会革命党人加入了苏维埃政府。以后，左派社会革命党反对布尔什维克关于苏俄同德国签订《布列斯特和约》的决策。在1918年3月全俄苏维埃第四次（非常）代表大会批准和约时，他们退出了苏维埃政府，但全俄中央执行委员会和其他苏维埃机关中仍留有他们的代表。

1918年1月，苏俄发生了苏维埃同立宪会议之间的较量。在十月武装起义之前，小资产阶级政党和资产阶级政党迷信议会制度，要求召开立宪会议。当时的临时政府答

①《列宁全集》第33卷，北京：人民出版社，1985年，第52页。

②《列宁全集》第33卷，北京：人民出版社，1985年，第70页。

应了这一要求，决定立宪会议选举于1917年11月和12月进行。十月武装起义和布尔什维克党掌握政权后，他们认可了立宪会议的选举以及选举的日期。立宪会议代表选举于11—12月完成，但各个党派于9月间即提出了代表候选人的名单。根据这样的名单选出的立宪会议代表只是反映了武装起义前俄国阶级力量的对比关系，不能正确地反映起义胜利后阶级力量的对比关系。列宁和布尔什维克党对此十分清楚，但是他们认可了这个事实。这体现出他们对小资产阶级政党、资产阶级政党宽容的态度。

在立宪会议举行前夕，资产阶级政党的立宪会议代表于11月28日在彼得格勒举行游行示威，并且冲进塔夫利达宫，擅自召开所谓的立宪会议，扬言推翻苏维埃政权。布尔什维克和苏维埃政权命令赤卫队驱散了这些人，可仍然于1918年1月5日召开了立宪会议，允许资产阶级政党的代表出席会议。这说明列宁和布尔什维克对资产阶级政党的行为再次采取了宽容的态度。在立宪会议第一次会议上，布尔什维克党团要求会议讨论《被剥削劳动人民权利宣言》，并批准这个宣言，承认苏维埃政权，但遭到占会议多数的资产阶级政党、小资产阶级政党代表的拒绝。在这种情况下，布尔什维克党团和当时站在布尔什维克一边的左派社会革命党党团相继退出了会议。苏维埃政权宣布解散立宪会议。即使是在这种形势下，列宁仍下达了保护资产阶级政党代表的人身安全的命令："在塔夫利达宫内执行卫兵勤务的士兵和水兵同志不得对立宪会议中的反革命成员采取任何暴力行动，应准许所有人自由离开塔夫利达宫”[①]。这也体现出列宁和布尔什维克对资产阶级政党的宽容态度。

以上事实证明，在苏俄革命的进程中，布尔什维克党未能够和不能够同小资产阶级政党、资产阶级政党组成“联合政府”和“分掌政权”，并不是布尔什维克党不愿意这样做，是小资产阶级政党和资产阶级政党不愿意接受布尔什维克党的邀请和建议。关键的原因是他们之间不同的立场和政治价值取向。布尔什维克党站在无产阶级和广大劳动人民的立场上，追求无产者和劳苦大众的翻身解放，这是资产阶级政党和小资产阶级政党不能接受和容忍的。由于两个阵营之间立场和政治价值取向的不同，不能够组成“联合政府”和“分掌政权”，所以演变成布尔什维克党“一党”领导人民和苏维埃国家的事实。或者说，布尔什维克党“一党”领导人民和苏维埃国家，是苏俄政治史演变的必然结果。

①《列宁全集》第48卷，北京：人民出版社，1987年，第45页。

余论

斯大林提出“一国能够建成社会主义”的理论*

* 此标题下的部分内容收入《中国历史学年鉴(1991)》摘要;纳入本书时笔者对内容略有修改。

列宁主义对这个问题的回答是肯定的：是的，我们能够建成社会主义，而且我们将在工人阶级领导下和农民一起去建设。

——斯大林：《俄共（布）第十四次代表会议的工作总结》，1925年5月

19世纪20年代初期，随着十月革命的胜利和苏俄国内战争的胜利，一个国家的无产阶级能否夺取政权和巩固政权的问题，已经有了肯定的结论。但是，一个国家内无产阶级能否建成社会主义的问题，当时却没有定论。列宁在世时，曾指出了俄国一国进行社会主义建设的可能性和必要性，但他并未断言俄国一国能够建成社会主义，即他并未提出“一国能够建成社会主义”理论。列宁在世时以及列宁逝世后一段时间内，斯大林和党的其他领导人也未提出“一国能够建成社会主义”理论，相反他们是持“几个国家同时建成社会主义”理论的。如1924年4月，斯大林在《论列宁主义基础》的演讲中指出：“在一个国家内推翻资产阶级政权，建立无产阶级政权，还不等于保证社会主义的完全胜利。社会主义的主要任务即组织社会主义生产的任务尚待解决。没有几个先进国家中无产者的共同努力，能不能解决这个任务，能不能在一个国家内获得社会主义的最后胜利呢？不，不能。……为了获得社会主义的最终胜利，为了组织社会主义生产，单靠一个国家的努力，特别是象俄国这样一个农民国家的努力就不够了，——为了达到这个目的，就必须有几个先进国家中无产者的共同努力。”[①]这就说明，直到1924年4月，斯大林仍未提出“一国能够建成社会主义”的理论。

① 参见《斯大林选集》上卷，北京：人民出版社，1979年，第435页。

一、斯大林“一国能够建成社会主义”理论的形成及内容

1924年秋，俄共（布）内围绕列宁主义的内容和历史地位等问题发生了争论。在这个过程中，斯大林于12月撰写了《十月革命和俄国共产党人的策略》一文，在此文中，他提出“一国能够建成社会主义”理论的最初的思想。他在这里首次提出：列宁于大战期间形成和阐述了“一国首先胜利”理论，这一理论既包含有一国可以首先夺取政权和巩固政权的观点，又包含有“一国能够建成社会主义”的观点。他还认为，列宁的这一理论是由帝国主义时代资本主义发展不平衡规律的理论所决定的。帝国主义时代资本主义发展不平衡规律理论的内容是：一些后起的帝国主义国家“跃进式”地发展，超过了老牌帝国主义国家，它们“力图夺取新阵地，结果就使帝国主义国家的军事冲突成为不可避免的必然的事情”[①]，军事冲突使帝国主义国家“相互削弱”，必然造成帝国主义链条上的“最薄弱的地方”。在这里，“社会主义在一个国家（即使这个国家的资本主义不大发达）内胜利是完全可能的，是可以肯定的”[②]。斯大林说，上述理论观点，是列宁于第一次世界大战期间提出的。笔者认为，列宁从未提出过这个理论，这个理论实际上是斯大林创造或发展的。在这一文章里，斯

①《斯大林选集》上卷，北京：人民出版社，1979年，第284—285页

②《斯大林选集》上卷，北京：人民出版社，1979年，第285页。

大林运用这个理论来批判托洛茨基的“一国不能建成社会主义”理论，证明他是主张“一国能够建成社会主义”理论的。

在1925年4月俄共（布）第十四次代表会议上，斯大林进一步论证了“一国能够建成社会主义”理论，并领导俄共（布）制定了“一国能够建成社会主义”的方针。他在《俄共（布）第十四次代表会议的工作总结》中，援引列宁1915年有关文章中的话语，援引列宁关于“共产主义就是苏维埃政权加全国电气化”的著名论断，援引列宁逝世前夕在《论合作社》一文中的有关论断，得出结论说：被资本主义包围的苏维埃俄国不但能够解决内部的矛盾即无产阶级和农民之间的矛盾，“而且还能够、还必须建成社会主义”，“列宁主义关于社会主义在一个国家内胜利的基本原理就是这样”。[①]对于党内反对“一国能够建成社会主义”的言论，斯大林进行了严厉的批评。如他在上述会议上强调指出：“我们政治实践中最危险的就是：企图把胜利了的无产阶级国家看做一种被动的东西，以为它在没有得到其他国家胜利了的无产者的援助时只能在原地踏步。假定在俄国苏维埃制度建立以后五年到十年内西方还没有爆发革命……那么你是否认为我们国家在这五年到十年内只在臼中捣水，而不去组织社会主义经济呢？只要提出这个问题，就可以了解否认社会主义在一个国家内可能胜利的

① 参见《斯大林选集》上卷，北京：人民出版社，1979年，第339页。

理论的全部危险性。”[①]显然这个论断既是对当时不同意见和观点的批评，也是对苏联一国建成社会主义的可能性和必要性的强有力的肯定。

在上述会议上的讲话中，斯大林阐述了确认一国可以建成社会主义必须解决的基本问题以及可以依靠的力量。历史和理论证明，在研究和论证某个国家建设和建成社会主义的可能性时，必须研究和说明它建设和建成社会主义必须解决的基本问题以及它的力量。从当时苏联的情况看，正确处理无产阶级和农民之间的关系，是它必须解决的基本问题。因为在苏俄国内战争时期，无产阶级和农民之间的关系一度甚为紧张，俄共（布）和苏维埃政权力图通过实施新经济政策以缓和无产阶级和农民之间的紧张关系，但到列宁逝世和斯大林领导党的工作时，这个问题不能说已经真正得到解决。斯大林在确认一国可以建成社会主义时，审视了无产阶级和农民之间关系的演进过程和党的政策，认为苏联可以解决无产阶级和农民之间的矛盾，农民是无产阶级可以团结的力量。无产阶级和农民是苏联建设和建成社会主义的力量。他在上述会议上的讲话中说：“我们面前有两个主要阶级：无产者阶级和私有者阶级即农民阶级。他们之间必然产生矛盾。全部问题在于：我们能不能用自身的力量克服无产阶级和农民之间所存在的这些矛盾。当人们说：能不能用自身的力量建成社会主义？他们的意思是说：我国无产阶级和农民之间的矛盾是

---

①《斯大林选集》上卷，北京：人民出版社，1979年，第344页。

可以克服还是不能克服？列宁主义对这个问题的回答是肯定的：是的，我们能够建成社会主义，而且我们将在工人阶级领导下和农民一起去建设。”[①]接着，他分析了苏联无产阶级克服自己同农民的矛盾的可能性，认为无产阶级和农民有着共同的利益以及实现共同利益的道路。在他看来，农业的发展面临着两条道路，一条是资本主义的道路，它使大多数农民陷于贫困而让城乡资产阶级上层分子发财致富；另一条道路是社会主义道路。他说：“社会主义道路则是使大多数农民的物质生活不断提高的道路。无产阶级和农民，特别是农民，是乐意走第二条道路即社会主义的道路的。因为这条道路是农民摆脱贫困和半饥半饱的生活的唯一生路。不用说，掌握经济命脉的无产阶级专政一定会采取一切办法使第二条道路即社会主义的道路取得胜利。……可见，无产阶级和农民利益的一致性抵偿了他们之间的矛盾。”[②]在这里，斯大林以无产阶级和农民之间有共同利益以及实现这种利益的道路——即走社会主义道路，从理论上解决了当时苏联发展进程中的基本问题，即两个主要的阶级能不能结成联盟的问题。他以无产阶级可以领导农民走社会主义道路，从理论上解决了苏联建设和建成社会主义的依靠力量的问题。

同年6月，斯大林在《问题与答复》的演说中进一步论证了建成社会主义必须解决的基本问题，即工业和农业的

---

①《斯大林选集》上卷，北京：人民出版社，1979年，第336页。

②《斯大林选集》上卷，北京：人民出版社，1979年，第337页。

关系以及无产阶级和农民的关系问题。当时党内有的人不善于把苏联能不能扩大工业生产同一国能不能建成社会主义两个问题区别开来。斯大林就此指出，能不能扩大工业生产是一个比较狭窄的问题，只涉及工业生产的方面；建成社会主义不仅涉及工业生产和农业生产两个方面，还涉及它们之间的协调发展。由此他说："正因为如此，工业和农业的相互关系问题，无产阶级和农民的相互关系问题，是建成社会主义经济的问题中的基本问题。"[①]"我们具有在我国建成社会主义经济的一切条件，我们能够并且应当建设完全的社会主义社会。"[②]

1926年1月，斯大林发表《论列宁主义的几个问题》，承认上述他1924年4月在《论列宁主义基础》中说的那段话——为了组织社会主义生产必须有几个先进国家无产阶级的共同努力——"有缺点了"。他说，"这种说法的缺点在哪里呢？缺点就在于它把两个不同的问题连接成一个问题：第一个是可能用一个国家的力量建成社会主义的问题，对于这个问题应当给以肯定的回答"；第二个问题是一个无产阶级专政的国家能否免除外国武装干涉和旧制度复辟的问题，"对于这个问题应当给以否定的回答"。[③]在斯大林看来，能否免除外国武装干涉同能够建成社会主义是不同的两个问题，不能将其混为一谈，不能因为不能免除外国武装干涉而否定一国建成社会主义的可能性。他说《论

①《斯大林选集》上卷，北京：人民出版社，1979年，第386页。

②《斯大林选集》上卷，北京：人民出版社，1979年，第390页。

③ 参见《斯大林选集》上卷，北京：人民出版社，1979年，第435页。

列宁主义基础》中的那段话的缺点，就是将上述两个问题混为一谈了。

1926年12月7日，斯大林在共产国际执行委员会第七次扩大全会上的报告中，全面地论述了“一国能够建成社会主义”的理论。

在这里，他论述了一国建成社会主义的“意思”。在苏联，曾经经历过帝国主义发展，有一定数量的大工业，有一定数量的无产阶级，有领导无产阶级的先进政党。这是它进行社会主义建设的条件。由于有这些条件，它将可以建成社会主义。然而建成社会主义是什么意思呢？斯大林指出：“如果用具体的阶级语言解释这一公式，建成社会主义是什么意思呢？在苏联建成社会主义就是在斗争进程中用本身的力量战胜我们苏联的资产阶级。所以问题归结起来就是苏联的无产阶级能不能战胜自己本国的，即苏联的资产阶级。”[①]那么苏联能不能实现这个任务呢？即能不能战胜本国的资产阶级呢？能不能建成社会主义呢？他回答说：“党对这个问题的回答是肯定的，因为党所持的出发点是：苏联无产阶级、苏联的无产阶级专政有可能用本身的力量战胜苏联的资产阶级。”[②]同时他指出，战胜本国的资产阶级，不仅是从政治上战胜他们，而且要从经济上战胜他们，即建立社会主义的经济基础，消灭资本主义。对于如何理解社会主义经济基础和如何建立社会主义经济基

---

①《斯大林选集》上卷，北京：人民出版社，1979年，第510页。

②《斯大林选集》上卷，北京：人民出版社，1979年，第510页。

础，他解释说："建立社会主义的经济基础，就是把农业和社会主义工业结合为一个整体经济，使农业服从社会主义工业的领导，在农产品和工业品交换的基础上调整城乡关系，堵死和消灭阶级借以产生首先是资本借以产生的一切孔道，最后造成直接导致阶级消灭的生产条件和分配条件。"[①]这里他实际上已经勾画了20世纪30年代苏联的工业国有化经济和农业集体化经济以及它们之间关系的图景。在他看来，做到上述这些，就是把农业和社会主义工业结合为一个整体经济了。

在这里，斯大林论述了苏联经济同世界资本主义经济关系的问题。近现代社会以来，各个国家之间的经济交往日益频繁，甚至可以说各个国家之间已经形成了经济上相互依赖的关系。对于相同性质的国家之间如资本主义国家之间，形成经济上相互依赖的关系是好理解的，但对无产阶级专政的苏联同资本主义国家之间能否在经济上形成相互依赖的关系，则不能简单地肯定或否定。斯大林说："谁也不否认我国国民经济对世界资本主义经济的依赖是存在的。过去和现在谁也不否认这一点……但这种依赖是双方面的。不只是我们的经济依赖资本主义国家，而且资本主义国家也依赖我们的经济，依赖我们的石油、我们的粮食、我们的木材以及我们广大的市场。"[②]他继续说道："我国依赖其他国家，正象其他国家依赖我国国民经济一样，

①《斯大林选集》上卷，北京：人民出版社，1979年，第511页。

②《斯大林选集》上卷，北京：人民出版社，1979年，第594页。

但这并不意味着我国因而丧失了或就要丧失自己的独立性，它不能保持自己的独立性，它应当变成国际资本主义经济的小螺丝钉。应该把一些国家对另一些国家的依赖性和这些国家的经济独立性区别开来。”[①]由此他得出结论：苏联能够在国际经济交往中保持自己的独立性，从这一方面看它能够建成社会主义。

在这里，斯大林估计了苏联一国社会主义建成的期限。列宁1920年曾经说过，现在十五岁的人，将来可以看见共产主义社会，并且要亲手建设共产主义社会。根据这个说法，三十年以后有可能建成共产主义社会。可是托洛茨基说，由于俄国的落后性，它建成社会主义“最低限也需要三十年至五十年”。斯大林不同意此看法，他说，“在和农民保持正确关系的条件下，我们可以保证在十年至二十年内取得胜利（即社会主义的胜利）”[②]，“如果我们在这个时期内没有取得胜利，这就说明我们被击溃了，无产阶级专政制度被白卫恐怖制度代替了，这种恐怖制度可能延长二十年至四十年之久”[③]。在斯大林的思想中，或者是苏联十年至二十年内建成社会主义，或者是旧制度复辟、恐怖制度统治许多年。

至此，斯大林的“一国能够建成社会主义”理论作为一种体系完备的理论已经产生。

综上所述，斯大林的“一国能够建成社会主义”理论

---

①《斯大林选集》上卷，北京：人民出版社，1979年，第595页。

②《斯大林选集》上卷，北京：人民出版社，1979年，第524页。

③《斯大林选集》上卷，北京：人民出版社，1979年，第524页。

有以下基本内容：其一，在帝国主义链条上的“最薄弱的地方”，一个国家的无产阶级能够首先取得社会主义的胜利，即能够首先夺取政权、巩固政权和建成社会主义社会；其二，社会主义在苏联建成的意思是苏联无产阶级依靠本身的力量战胜本国的资产阶级，即建立社会主义经济基础，消灭资本主义生产关系；其三，一国建成社会主义的基本问题是正确处理无产阶级同农民之间的关系，正确处理社会主义工业同农业之间的关系；其四，苏联对世界资本主义经济的一定的依赖性，不妨碍苏联保持经济上的独立性和一国建成社会主义；其五，必须把“一国能够建成社会主义”同“免除外国武装干涉”两个问题区别开来。

二、“一国能够建成社会主义”理论的实践作用和理论缺陷

斯大林的“一国能够建成社会主义”理论，产生于苏联恢复国民经济时期结束、大规模建设社会主义时期开始的时候。当时，革命事业向何处去的问题严峻地摆到了党和无产阶级面前，科学地说明这一问题是苏联人民实践的需要。“一国能够建成社会主义”理论产生于这样的条件和背景下，在实践中发挥了重要的作用。

第一，它鼓舞了人民争取社会主义胜利的信心，激发了人民建设社会主义的干劲。苏联无产阶级和人民群众为争取社会主义的胜利，进行了长期的、艰苦卓绝的斗争。从十月革命到20年代中期，他们夺取了政权，巩固了政

权，完成了恢复国民经济的任务。这时，肯定苏联一个国家能够建成社会主义既是革命事业发展的需要，也是人民群众心理上、精神上的需要。肯定了这一点，就能鼓舞人民的胜利信心，激发人民干社会主义的干劲，动员全体人民把社会主义事业推向前进。如同斯大林所指出的：没有我国建设的明确前途，没有建成社会主义的信心，无产阶级就不能自觉地参加这种建设，他们就不能自觉地领导农民前进。没有建成社会主义的信心，就不可能有建设社会主义的意志。明知不能建成，谁还愿意去建设呢？正因为斯大林和党肯定了苏联一个国家能够建成社会主义，所以苏联人民在以后的社会主义建设过程中焕发了冲天的干劲，掀起了轰轰烈烈的劳动竞赛运动，苏联的第一、第二个五年计划得以提前完成。

第二，它作为一面旗帜，统一了党的组织和党的思想。20世纪20年代中期，联共（布）内先后产生了几个“反对派”，党面临着组织上分裂和思想上瓦解的危险。这时，党需要一面旗帜来促进党的组织统一和思想统一。“一国能够建成社会主义”理论起到了这样一面旗帜的作用。它批判和战胜了托洛茨基的“不断革命”论，批判和战胜了“新反对派”的投降主义，驳斥了关于苏联社会主义前途的各种不正确的观点，用“一国能够建成社会主义”的理论武装了全党。与此同时，党从自己的队伍中清除了极少数不肯改正错误的持不同政见者，清理了党的组织，从而在“一国能够建成社会主义”的理论基础上巩固了党的团结和实现了党组织的统一。正因为如此，此后党才有力量领导人民去争取社会主义建设的胜利。

第三，它为党制定社会主义建设的路线、方针和政策提供了理论依据。党在各个不同的历史时期应有各具特色的路线、方针和政策，各具特色的路线、方针和政策应以各具特色的指导思想为理论依据。20世纪20年代中期以后，联共（布）的最重大的任务是领导人民建设社会主义，由此党在这以后制定路线、方针和政策时，必须以“一国能够建成社会主义”理论为依据。以这一理论为依据，党的路线、方针和政策就能够目标明确、任务清楚。否则，就不可能做到这一点。

第四，它有利于世界各国人民坚定革命的信念，推动国际革命的开展。当时，苏联是国际无产阶级革命的根据地，苏联社会主义事业的成败，关系到国际革命形势的发展或低落。如同斯大林指出的：世界无产阶级都注视着我国的经济建设和我们在这条战线上的成就，期望我们在这一斗争中取得胜利，期望我们能够建成社会主义。这说明，我们在建设战线上的斗争就其可以促进各国无产者革命化的作用来说，有巨大的国际意义。谁企图缩小和淡化我国建设的社会主义前途，谁就是企图打消国际无产阶级对我国胜利的希望，而谁打消这些希望，谁就违背了无产阶级国际主义的起码要求。

斯大林的“一国能够建成社会主义”理论，是有其重要的理论意义的。从总体上看，这是对马克思主义关于许多国家同时胜利的理论的发展。从具体内容上看，若干理论观点也有其理论意义。

其一，关于正确处理工农关系的观点，具有重要的理论意义。在农民占人口大多数的经济落后国家里，无产阶级在进行社会主义建设的时候，必然地有一个如何正确地处理工业同农业、工人同农民的关系的问题。对于这一问题，马克思、恩格斯没有直接的社会主义实践的经验，更没有一国社会主义实践的经验，所以未能作深刻的、详尽的探讨和阐述。列宁在俄国新经济政策时期，研讨和阐述了当时俄国的工农联盟的问题。但当时俄国面临着恢复国民经济的任务，社会主义建设的任务尚未提上日程。苏联进入建设社会主义时期以后，斯大林提出：正确处理工农关系是建成社会主义的基本问题，苏联工农关系的新形式就是无产阶级团结和领导农民走集体化的社会主义道路。这是对马克思主义、列宁主义的重要的理论发展。

其二，关于苏联经济同世界资本主义经济相互关系的观点具有重要的理论意义。社会主义国家同资本主义世界的经济关系的问题，特别是一个社会主义国家同资本主义世界的经济关系的问题，是马克思、恩格斯没有亲身体验和没有从理论上加以解决的。列宁在俄国新经济政策时期开始注意到这一问题，并初步地提出了苏维埃俄国经济同世界资本主义经济相互依赖的思想。苏联进入社会主义建设时期以后，斯大林继承了列宁的思想，并且着重地、深刻地分析了世界资本主义经济对苏联经济的依赖性，从而提出了苏联可以在世界经济交往中保持住经济独立的理论观点。这也是对马克思主义、列宁主义的重要的理论发展。

斯大林的“一国能够建成社会主义”理论是在党内激烈的斗争过程中产生的。从它产生的过程看，由于各种原因的影响，对它进行深入的研究和科学的论证显然不够。所以，“一国能够建成社会主义”理论存在着以下的理论缺陷：

第一，帝国主义链条上的“最薄弱的地方”可以首先胜利的观点缺乏科学性。这一理论观点强调帝国主义战争对于革命胜利的作用和意义，认为战争使帝国主义“相互削弱”，可以造成帝国主义链条上的“最薄弱的地方”，并认为这里的一个国家的无产阶级可以首先争取社会主义的胜利。实践证明，这种观点缺乏科学性。关于这一问题，笔者在《评二十年代联共（布）对列宁“一国首先胜利”论的误解》一文中，曾有过论述。笔者的观点是：用“最薄弱的地方”这一观点来说明某个国家社会主义胜利的原因是一种简单化的思想方法。因为某一国家社会主义革命的胜利，是各种原因的结果，除了国际政治、国际经济的原因和国内政治、国内经济的原因以外，国家的民族状况、人口多少、面积大小、地理位置如何等，都可能对革命能否胜利产生影响。而且，从近现代世界历史上看，两次世界大战造成的“最薄弱的地方”，如德国、奥匈帝国、意大利、日本等战败国，都未发生社会主义革命并取得胜利。人们以往把俄国看成为“最薄弱的地方”，这是不正确的。在斯大林的思想中，“最薄弱的地方”指经过帝国主义战争“相互削弱”而造成的某个国家。或者说这个国家原本不是“最薄弱的地方”，只是由于进行帝国主义战争，经过相互削弱，变成了“最薄弱的地方”。显然帝国主义战争中的战败国，应该是这样的国家。俄国不是这样的国家。它是一个经济落后国家。列宁说，俄国由于经济落后、社会矛盾尖锐，容易爆发夺取政权的革命斗争，但夺取政权后继续前进即进行社会主义建设则比较困难。在此问题上，列宁的思想不同于斯大林的思想。

第二，一国社会主义建成的标准降低了社会主义社会建成的标准。根据马克思、恩格斯的设想，社会主义社会建成的标准是：消灭了阶级统治和消灭了阶级，消灭了私有制、商品生产和商品交换，国家和国家机器也不存在了。列宁在谈到社会主义社会建成的标准时也说：“社会主义就是消灭阶级。为了消灭阶级，首先就要推翻地主和资本家。……其次就要消灭工农之间的差别，使所有的人都成为工作者。这不是一下子能够办到的。”[①]斯大林把社会主义社会建成的标准仅仅归结为消灭本国的资产阶级，抹杀了马克思主义关于社会主义社会标准中关于消灭工农差别和一切阶级差别、消灭阶级统治、消灭国家和国家机器的科学内容。消灭本国的资产阶级，可以通过对资本主义私有制的社会主义改造，通过实现社会主义国家所有制和集体所有制的途径来完成。消灭工农差别和一切阶级差别以及消灭阶级统治、消灭国家机器，则需要在消灭了资本主义私有制的基础上，充分发展生产力，使国家所有制和集体所有制进化为同一种性质的社会主义所有制即由全社

①《列宁全集》第37卷，北京：人民出版社，1986年，第272—273页。

会占有生产资料的公有制，并且商品生产和商品交换不复存在，这时才有可能实现消灭工农差别和一切阶级差别、消灭阶级统治。至于消灭国家和国家机器，则需要在全世界范围内进行社会主义革命和建成共产主义社会才有可能。可见，斯大林提出的标准大大降低了社会主义社会建成的标准。

斯大林降低社会主义社会建成的标准，带来了一系列的历史副作用：

第一，它导致实践中的急躁冒进。由于确定的标准较低，给人一种似乎社会主义的建成是指日可待的事的错觉。由此人们在社会主义建设的实践中片面追求高速度，甚至不顾客观条件，盲目冒进，以“力争”早日实现社会主义和共产主义。关于苏联社会主义建成的时间，列宁说过，我们的下一代会更发达一些，但也不见得能够完全过渡到社会主义；我们知道现在我们还不能实行社会主义劳动制，希望我们的儿子也许孙子能把这种制度建成也就好了。然而，斯大林则要求在十年至二十年的时间内建成。无疑，这是急躁冒进情绪的表现。其所以会产生这种情绪，与所确定的社会主义标准较低有关。

第二，它不利于树立较好的社会主义样板。由于所确定的标准较低，苏联于20世纪30年代中期即宣布建成了社会主义。这时，苏联虽然实现了生产资料所有制的社会主义改造和国民经济各部门的技术改造，生产力水平有一定的提高，国力有一定的增强，但是人民群众的生活水平仍然不高，工农差别远远没有消失，阶级斗争严重存在，社会主义民主和法制很不健全等等。这样一个社会主义样板，对于西方发达资本主义国家的人民群众来说，是缺乏吸引力的。特别是在20世纪30年代后期，苏联发生了大规模的肃反运动，造成了肃反扩大化的错误，进一步损害了苏联社会主义的形象，使样板的作用在西方国家人民心目中进一步削弱。就东方国家来看，第二次世界大战结束以后，许多新产生的共产党执政的国家学习了苏联的样板，照搬了苏联的模式，社会主义建设事业走了很大的弯路，教训是极为深刻的。其所以会这样，与对社会主义标准的认识不无关系。

第三，把“一国能够建成社会主义”和“免除外国武装干涉”区别开来是一种不正确的观点。如前所述，斯大林认为，“一国能够建成社会主义”指在国内实现社会主义公有制，消灭私有制，消灭资本主义和资产阶级。它同能不能免除外国武装干涉是两个相互区别、互不联系的问题。他说：可能在我国建成社会主义是一回事，可能保证我国不受国际资本的侵犯又是一回事。斯大林认为，这两个问题不能够混淆在一起，谁混淆了这两个问题，“谁就犯了最粗暴的反列宁主义的错误，谁就是糊涂虫，或者是不可救药的机会主义者”[①]。他主张将这两个问题区别开来，其意思是说，在确认一国能够建成社会主义时，可以不考虑能否免除外国武装干涉的问题，不能因为不能免除外国武装干涉而否认一国建成社会主义的可能性。显然，这是

①《斯大林选集》上卷，北京：人民出版社，1979年，第343页。

一种非正确的理论。应该说，一国建成社会主义和免除外国武装干涉，是同一个问题中密不可分的两个方面，更直接地说，免除外国武装干涉是一国建成社会主义的必不可少的条件。假定帝国主义不断地对苏联发动侵略战争，苏联是不能够建成社会主义的。它只有能够免除帝国主义的侵略，能够获得和平的环境，才有可能进行社会主义建设并建成社会主义。所以说，不能把这两个问题完全区别开来，不能不考虑外国武装干涉的问题，孤立地肯定一国能够建成社会主义。

由于斯大林没有正确地认识一国建成社会主义同免除外国武装干涉之间的关系，所以他对“一国能够建成社会主义”理论的阐述，常常陷于矛盾之中。如在《问题与答复》中，他一方面认为苏联能够并应当建成社会主义社会，另一方面又提出了与此不同的看法。他说：“另一个问题就是我们是不是一定能够建成社会主义经济的问题。这不仅取决于我们。这也取决于我们国外的敌人和朋友的强弱。如果让我们建设，如果我们能延长‘喘息’时期，如果不发生严重的武装干涉，如果武装干涉不能得逞，如果国际革命运动的力量和实力同我们自己国家的力量和实力都强大得足以使重大的武装干涉企图不能实现，我们就能建成社会主义经济。相反，如果武装干涉得逞而我们被击败，我们就不能建成社会主义经济。”[①]显然，这是一种正确的看法，但它同“一国能够建成社会主义”理论的体系

①《斯大林选集》上卷，北京：人民出版社，1979年，第390页。

相悖，特别是同上述所谓把两个问题区别开来的观点相悖。在联共（布）第十五次代表大会的报告中，斯大林指出：“如果大约两年前可以说并且应该说当时是苏联和资本主义国家间存在某种均势而‘和平共居’的时期，那末现在我们却有充分的根据可以肯定说‘和平共居’的时期正在过去，而让位于帝国主义对苏联进行袭击和准备对苏联进行武装干涉的时期。”①根据这一论述，苏联将迅速转入反侵略战争过程，将不能够建成社会主义。这一论述同斯大林的“一国能够建成社会主义”理论是相矛盾的。

三、斯大林“一国能够建成社会主义”理论的历史地位

斯大林的“一国能够建成社会主义”理论具有重要的历史地位，它在马克思主义史上第一次大胆地对马克思主义基本原理进行了通融性的解读。如马克思主义基本原理明确指出，实现无产阶级社会主义革命胜利即建成社会主义社会（共产主义第一阶段），需要欧美一些先进资本主义国家的无产阶级联合行动、共同建设才能成功；而斯大林认为作为落后国家的俄国（苏联）可以一个国家争取社会主义胜利，即建成社会主义社会。马克思主义基本原理明确指出，建成社会主义社会（共产主义第一阶段）指消灭了私有制、消灭了商品生产和货币交换、消灭了阶级统治、消灭了阶级矛盾和阶级、消灭了国家和国家机器；而斯大林降低了这个标准，认为建成社会主义社会指苏联无产阶级利用本国的力量消灭

---

①《斯大林全集》第10卷，北京：人民出版社，1954年，第246页。

了自己国内的资产阶级。斯大林的上述观点，不能不说是对马克思主义基本原理的通融性解读，当然，人们也有理由认为，这是对马克思主义基本原理的重要发展。

斯大林的“一国能够建成社会主义”理论及“斯大林模式”的社会主义，是20世纪50年代中国初步建立的社会主义基本制度的根基。中华人民共和国成立以后特别是民主革命的任务完成以后，建设社会主义的任务提上日程。这以后，中国共产党借鉴“斯大林模式”的社会主义，进行社会主义工业化建设和社会主义改造，在中国初步建立起了社会主义的基本制度。显然这时中国的社会主义制度带有“斯大林模式”社会主义的特点。后来人们认识到，“斯大林模式”的社会主义存在一些弊端，需要对其进行改革。中国开始改革开放以后，改革的主要方面之一正是要解决“斯大林模式”社会主义所带来的弊端。然而冷静地回顾历史，不可否认的是，如果没有斯大林的“一国能够建成社会主义”理论和“斯大林模式”的社会主义，很难想象20世纪50年代中国的社会主义建设将如何开展，在中国将建成什么样的社会主义制度。

历史证明，中国共产党开展社会主义建设时，选择借鉴“斯大林模式”的社会主义，是不可避免的、必然的选择。并且那时候，亚洲和东欧其他共产党掌握政权的国家，也都借鉴和照搬了“斯大林模式”的社会主义。这个事实也从另一方面证明了斯大林“一国能够建成社会主义”理论和“斯大林模式”的社会主义，是有其选择合理性和历史必然性的。

后　记

今年理论界要做的重要事情之一，是纪念列宁诞辰150周年。我作为多年研究列宁理论的工作者，有义务参与此项活动。适逢出版界、期刊界朋友纷纷约我提供稿件，我当付出努力。春节以来，我未出门，专心研究和撰写稿件，已经先后向多家期刊编辑部发出他们相约的文稿。更值得说明的是，红旗出版社的周婷婷编辑去年秋即向我约稿，我手中却无现成的长篇稿件，不知如何是好。此时我想起两年前纪念十月革命100周年时曾发表过若干篇我认为很重要的论文，于是决定将这些论文组合在一起，形成一本小书。当我打电话向周婷婷编辑谈起此想法时，得到了她和社领导的肯定和支持。这样我的这本小书得以呈现在读者的面前。

需要说明的是，此次结集，除了统一体例之外，也对内容作了不同程度的修改和完善；而且，由于从发表第一篇文章到目前为止已经有30余年，我的认识不断深化，也许在有些问题上目前的看法与以前不完全相同，如有此情况，当以目前的看法为准。

在此书出版之际，谨向红旗出版社致以衷心的感谢！我的工作单位——南京师范大学公共管理学院、人文社会科学研究院及学科处给予我许多的帮助和支持，谨向上述各个单位的领导致以衷心的感谢！

俞良早
2020年3月